知識ゼロからの サイクリング入門

Let's enjoy riding a bicycle.

Miura Kyoshi
三浦恭資
(財)日本自転車競技連盟強化コーチ
(財)日本サイクリング協会
サイクリングアドバイザー

Let's enjoy riding a bicycle.

Selecting a sports bicycle
Pleasant riding technique
Maintenance your bicycle
Customize your bicycle

Let's enjoy riding a bicycle.
サイクリング入門◉三浦恭資

幻冬舎

はじめに

大切なのはたくさん乗ること。それも気持ちよく

監督の仕事をはじめて約一年。だが、私は今も選手と一緒に走り続けている。練習がない日、気がつくとひとり無我夢中でサイクリングロードを走っていることも多い。選手でもないのに自転車に乗り続けている理由のひとつは、気持ちいいからだ。

実は、この「気持ちいい」ことが続けるためには大切なことなのだ。そして続けることでさらに気持ちよくなる、という好循環が生まれる。

とはいえ、長く自転車に乗っている私でもしばらく乗らない日が続くと、思うように体が動かず、息が上がって苦しくなる。

皆さんがサイクリングを楽しむためには、無理してがんばらないことだ。

最初はあせらないで、自分が楽しみながら

走れるペースを保つ。そして、それを続けると、少しずつ筋肉がついて、心肺機能も強くなっていく。乗れば乗った分だけ、速く、長く走れるようになってくる。それが自転車のよいところだ。

また、走ったあとのビールがうまいのも、私が自転車に乗る理由かもしれない。というよりも、酒の量や食欲は衰えないから、自転車に乗ることが少なくなると、一気に太りだしてしまうのだが。

理屈じゃない。速く走れるほどおもしろい

当たり前のことだが、我流で走るよりも、基礎をきちんと身につけたほうが速く、長く走れるようになる。これは選手にかぎった話ではない。

もちろん、サイクリングを楽しむときに、

強化選手がするような技術や本格的な練習は必要ない。

しかし、ペダリングのコツやギアチェンジの仕方、坂道を走るときのポイントなど、ちょっとしたことをマスターするだけで、ぐんとスムーズで安全に、かつ速く長く走れるようになる。

この本は、サイクリングをはじめようと思っているビギナーに向けて、自転車の選び方、走り方、交通ルールやマナー、メンテナンス、イベントの楽しみ方など、本当に基本的なことをできるだけやさしくまとめた。

せっかく自転車に乗るのだから、少しでも快適に、楽しく、安全に走ってほしいと願っている。

かっこいい、スピード感が心地いい、体を動かしたい、気ままに寄り道できる、自分の足で行きたいところへ行ける、自転車ブームにのりたい……。

理由はなんでも、夢中になって、のびのび走ってほしい。

CONTENTS

「知識ゼロからのサイクリング入門」目次

Part 2 体が喜ぶ快適な走行テクニック
RIDE

CONTENTS

Part 4 ちょい乗りから レースまで。楽しみはつきない ENJOY

CONTENTS

Part 5 自分好みに愛車を改造する

CUSTOMIZE

掲載した自転車、サイクリングコース（ターミナル）、イベントなどの情報は2007年8月のものです。

Part 1

SELECT

本格派スポーツバイクを手に入れる

かっこよさ、走り心地、性能……。
フトコロ具合と相談しながら
目的に合ったお気に入りの一台を探す

SELECT

自転車選び ①

どれにしようか悩むのは楽しい。目的が決まれば、愛車も決まる

15kg以下の自転車を選ぼう

快適に走るためには、自転車は軽いほうがいい。初めてスポーツバイクを購入するなら、15kg以下のものを選ぶようにするといいね。実用のための自転車だと、ほとんどの場合、このラインを越えてしまうはずだ。

いつ、どこで、どう乗るかイメージをふくらます

どんな自転車を選んだらいいか……。大いに悩むところだが、自転車を選ぶときには、まず使用目的をはっきりさせておくといい。自転車にはいろいろな種類がある。自分がどのように自転車を使うのかをはっきりさせ、それに合った車種を選ぶようにする。

いつ乗るのか、どこで乗るのか、どのように乗るのか。これからはじまる自分の自転車ライフを、なるべく具体的にイメージしてみよう。ワクワクするだろう。

乗るのは週末だけか、あるいは毎日なのか。走るのは舗装道路だけか、それとも未舗装道路やオフロードも走るのか。ツーリングに行くのか、レースに出るのか、近所をのんびり走るのか。

それがはっきりしてくれば、どんな自転車を選べばいいか決まってくる。

実用車とスポーツバイクは別の乗り物と考えよう

自転車は、通勤、通学、買い物などに利用されることも多い。そのために作られているのがシティサイクルだ。いわゆる「ママチャリ」もここに入る。

こうした実用自転車と、趣味として乗るスポーツバイクとは、違う乗り物と考えたほうがいい。走りを楽しむなら、選ぶのはスポーツバイクだ。

[スポーツから実用まで。自転車いろいろ]

スポーツとして乗る

スポーツとして走りを楽しむなら、実用車に比べ不要になるパーツが多い。かごや重いスタンドはいらないし、雨の日に乗らないなら泥よけも不要。まさに走るための自転車だ。

軽やかにスピーディに
走り抜けるスピード重視派
ロードバイク
P22へ

でこぼこ道でもガンガン走る
山道アウトドア派
マウンテンバイク
P26へ

気軽なサイクリングにも
街乗りにも使える
クロスバイク
P18へ

小回りが利いて
街中も快適に走れる
スモールバイク
P30へ

持ち運びや保管が
簡単にできる
折りたたみバイク
P32へ

荷物が多くても
安定して走れる
シティサイクル
(ママチャリ)

※ほかにも個性的な自転車がいろいろある（P34、36参照）。

実用のために乗る

買い物、通学、通勤などに使う自転車には、かご、ライト、スタンド、泥よけ、荷台などが必要になる。どうしても重くなるため、走りの快適さは失われる。

SELECT

自転車選び ②

いい自転車を選ぶには いい店＆スタッフ選びから

まずは近くにある 街の自転車屋さんへ

これから自転車生活を楽しみたいという人は、まず近所にある自転車屋さんに行ってみるといい。街の自転車屋さんは、もっとも身近な自転車の専門家。各自転車メーカーは、スポーツバイクから実用車まで、使用目的に合わせた自転車をそろえている。どんな自転車の使い方をしたいのかを話せば、それに合う自転車を教えてくれるはずだ。

買ったあとのメンテナンスを考えても、近所の自転車屋さんと親しくしておくと便利だ。何軒か回ってみよう。スポーツバイクも扱っていて、メンテナンスを頼めそうな店が見つかるだろう。

目的が決まっているなら 専門のプロショップへ

ロードレースに出たい、１００㎞程度のツーリングを楽しみたい、街中を快適に走りたい、というように自転車の使用目的がはっきりしている場合には、プロショップがおすすめだ。とくに本格的なスポーツバイクを購入するつもりなら、そのほうが安心できる。

ビギナーにはやや入りにくいかもしれないが、心配しなくても大丈夫。わからないことがあったら、どんどん質問すればよい。良心的なショップなら、初歩的な質問にも親切に答えてくれる。

専門店からディスカウンターまで お店のタイプもいろいろ

プロショップ

品ぞろえが豊富で幅広いスポーツバイクに対応。専門的な技術をもち、メンテナンスも安心。ショップ主催のイベントや同好会があることも。

スポーツ車も扱う店

スポーツバイクに関する知識や技術があり、メンテナンスも任せられる。パーツや付属品を含め、品ぞろえはプロショップに及ばない。

ディスカウンター（ホームセンター）

低価格で自転車を購入できる。専門知識をもつ店員がいなかったり購入後のメンテナンスを望めないこともある。

一般車中心の店

自転車の基本的なメンテナンスを任せることができる。最新のスポーツバイクに関しては、情報や知識が不足していることも。

こんなショップはNG!

自転車を購入するときには、信頼できるショップかどうかをしっかり見極めておこう。

×質問や要望を聞いてくれない

×安値を強調し「今買うならまける」などと購入を急かす

×自転車を整備するスペースがない

×消耗品の在庫が少ない

SELECT

自転車選び ③

ショップはあなたの専属アドバイザー。末永くつきあえる店を探す

［ 購入後もショップの役割は大きい ］

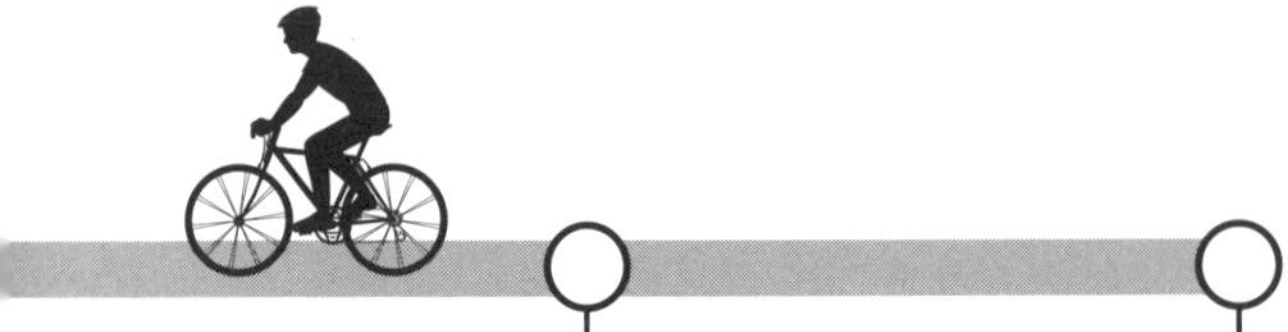

購入

自転車を購入するときは、見た目や値段だけで選ばず、専門知識をもつショップで相談しよう。使用目的や体格に合わせ、あなたにぴったりの自転車をアドバイスしてくれる。

乗る

乗り方を指導してもらうことも可能だ。正しい姿勢やギアチェンジの方法を身につければ、疲れずに長く走ることができる。ビギナーにとっては、もっとも身近な先生といえる。

スポーツバイクはアフターケアが重要だ

スポーツバイクで快適な走りを楽しむには、購入後に調整やメンテナンスが必要だ。体にフィットさせるには、実際に走ってみて微調整していく必要がある。

走りはじめて2～3ヵ月でワイヤーが伸びる。そのメンテナンスも欠かせない。スポーツバイクは、購入後のアフターケアが必要な乗り物なのだ。

いいショップは、自転車を楽しむためのアドバイザーとしての役割を果たしてくれる。とくに初心者にとっては、強い味方といえる存在。うまくつきあっていくようにしたい。

advice

1万～100万円超まで。価格の違いは性能の違い!?

自転車の価格はさまざまだ。量販店の1万円の自転車もあれば、プロショップには100万円超のスポーツバイクもある。使われている材質や製造技術の違いによって生じる価格差だが、おおむね性能の差と考えていいだろう。

メンテナンス

自転車を体にフィットさせるには、ポジションの調整が欠かせない。また、走っていればメンテナンスも必要になる。高い技術をもったショップなら安心して任せられる。

楽しみを広げる

パーツがそろったショップなら、愛車をグレードアップしていくことも可能。また、そのようなショップには自転車好きが集まる。同好会やチームに参加するチャンスも生まれる。

自転車を解体!

パーツの名前を覚えると自転車がもっとわかる、好きになる

自転車のパーツはカタカナがほとんどだ。慣れないうちは戸惑うかもしれないが、自転車に対する興味があると、覚えようとしなくても、自然と名称が頭に入ってしまうものだ。

❶**ハンドル** …… 自転車を操縦するためのバー。
❷**グリップ** …… ハンドルの両端の握る部分。
❸**ブレーキレバー** …… ブレーキを制動させるためのレバー。
❹**シフトレバー** …… ギアチェンジするためのレバー。ブレーキレバーと一体になっているタイプもある。
❺**ステム** …… ハンドルをフレームにつなぐパーツ。
❻**ブレーキワイヤー** …… ブレーキレバーの動作をブレーキに伝える。
❼**シフトワイヤー** …… シフトレバーの動作を変速機(㉖、㉗)に伝える。
❽**ヘッドパーツ** …… ハンドル動作を伝える回転部分。

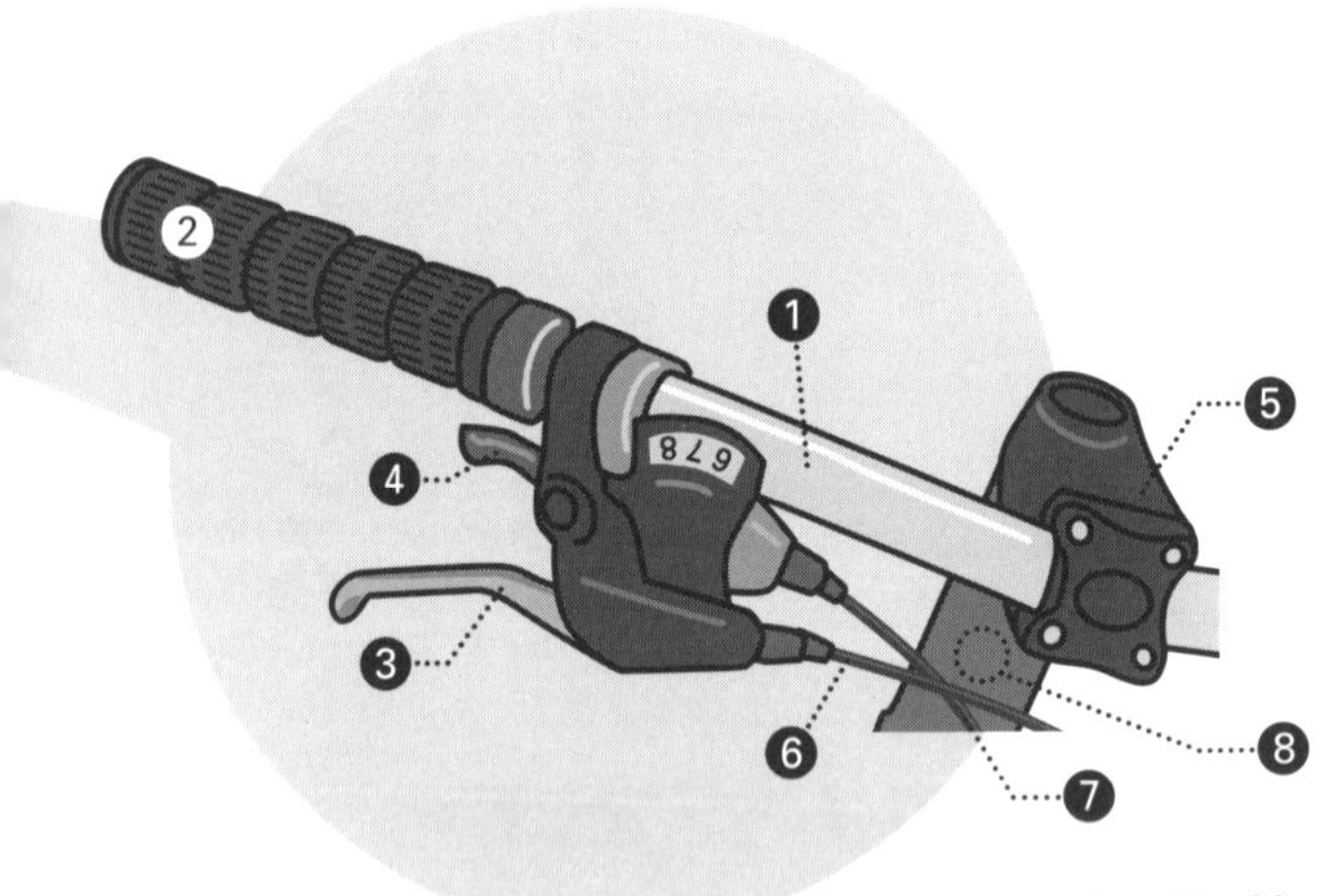

❾**フレーム** …… 自転車の骨格。❾**a** …… トップチューブ(またぐ部分のパイプ。上パイプともいう)、❾**b** …… ヘッドチューブ(❺のステムと⓫のフロントフォークの間のパイプ)、❾**c** …… ダウンチューブ(下パイプともいう)、❾**d** …… シートチューブ(サドルからペダルへ縦に走るパイプ。立パイプともいう)、❾**e** …… シートステー(バックフォークともいう)、❾**f** …… チェーンステー

⑮**ホイール** …… 車輪のこと。⑫、⑬、⑭、⑯で構成される。
⑯**スポーク** …… 車軸からリム（⑭）に向けて放射状に伸びる針金状のパーツ。
⑰**バルブ** …… タイヤに空気を入れるための注入口。
⑱**サドル** …… 腰かける部分。
⑲**シートピラー** …… サドルを支える部分。シートポストともいう。

⑩**フロントブレーキ** …… 前輪に効くブレーキ本体。
⑪**フロントフォーク** …… 前輪を支持する部分。
⑫**ハブ** …… 車軸。
⑬**タイヤ** …… ⑭のリムに引っかけるクリンチャータイプと、リムに接着剤で固定するチューブラータイプに分かれる。
⑭**リム** …… タイヤをはめる輪の部分。

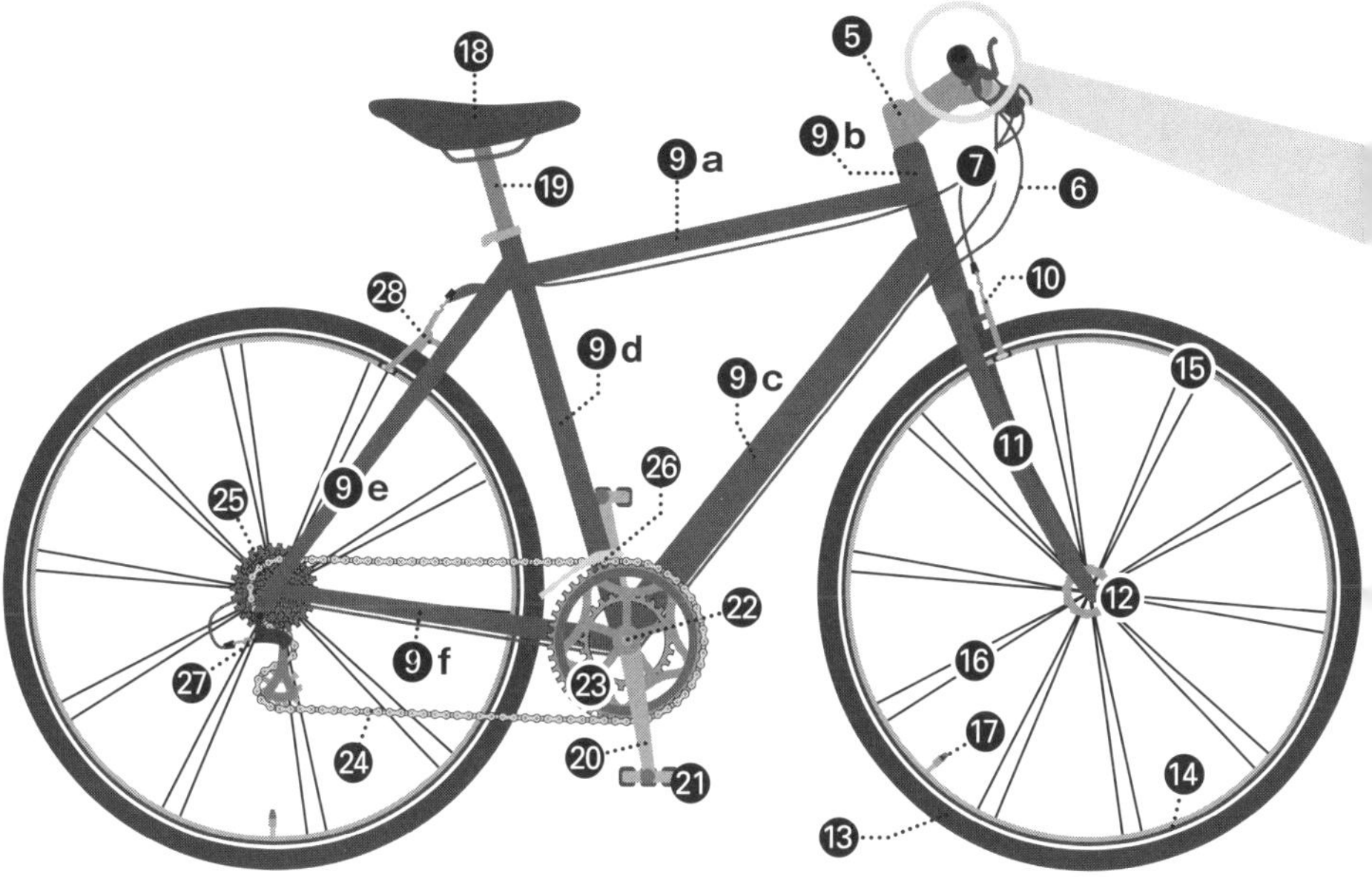

㉔**チェーン** …… ペダルの回転をタイヤに伝えるパーツ。
㉕**スプロケット** …… 後輪についているギア（歯車）。
㉖**フロントディレイラー** …… 前変速機。
㉗**リアディレイラー** …… 後変速機。
㉘**リアブレーキ** …… 後輪に効くブレーキ本体。

⑳**クランク** …… ペダルをこぐ力をギア板に伝える部分。
㉑**ペダル** …… 足をかける部分。
㉒**ボトムブラケット（BB）** …… クランク（⑳）の軸を支えるパーツ
㉓**チェーンリング** …… 前のギア板。

※ステム（❺）をハンドルポストともいう。このように、パーツの呼び方はいろいろある。

SELECT

自転車の種類 ①

クロスバイク
―街乗りもサイクリングも楽しめる―

advice

自転車のサイズはフレームで決まる

自転車の大きさはタイヤサイズで決まると考える人がいるが、実際はフレームのサイズで決まる（P40参照）。サイズが合わないと乗車姿勢に無理が出て、走るのが辛い。お店で計測してもらい、自分に合った自転車を選ぼう。

ロードバイクとマウンテンバイクのいいとこ取り

今、人気があるのがクロスバイクだ。ロードレースを走るためのロードバイクと、でこぼこの山道を走るマウンテンバイクを融合させることで生まれた。

ロードバイクの軽快な高速走行性と、マウンテンバイクのオフロード走行性を兼ね備えている。街中を走るのに、本格的なロードバイクやマウンテンバイクより乗りやすい、ということで人気がある。

クロスバイクは、大きくロードバイクから派生したタイプと、マウンテンバイクから派生したタイプに分けられる。

ロードバイクのハンドルをまっすぐのハンドルにかえたのが、フラットバーロードと呼ばれるタイプ。一方は、マウンテンバイクのフレームでサスペンションをそのままに、オンロード用の細めのタイヤを装備したタイプだ。

シクロクロスはヨーロッパに古くからあるクロスバイクだ

ヨーロッパには古くからシクロクロスと呼ばれる車種があった。これは、自転車版クロスカントリーレース用で、ロードバイクのフレームに、ゴツゴツしたトレッドのある細いタイヤをつけている。

ロードバイクの軽快さを失わず、でこぼこ道を走るたくましさを併せ持つ魅力的な自転車だ。

[クロスバイクの特徴]

ロードバイク系のクロスバイクなら、ハンドルやシフトレバーをかえれば、そのままロードバイクとして乗れるものが多いんだ。

フラットバーハンドル（ストレートハンドル）

初心者になじみのないドロップハンドル（P22参照）と違い、誰でも簡単にハンドル操作ができる。

《ビアンキ チェーロ》イタリア名門ブランドのエントリーモデル。フロントサスペンションを装備。税込5万9850円（サイクルヨーロッパジャパン）。

サドルは水平に

タイヤ

26インチか700Cという規格のタイヤが多く使われている。軽くて細めのオンロード用のタイヤで、走行性が高い。

前のギア

ロードバイクやマウンテンバイク同様にギアが複数枚ついている。坂道などにも楽に対応できる。

サスペンション

マウンテンバイクから派生したタイプはサスペンションを装備していることが多い。段差などで受ける衝撃を吸収する役割。

《ジャイアント　エスケープR3 SE》泥よけとキャリアが装備されているクロスバイク。通勤用にぴったり。税込5万2500円（ジャイアント）。

《ジオス カンターレ》アルミフレームで作られたフラットバーロード。深い青色が目を引く。イタリアブランド。税込9万9750円（ジョブインターナショナル）。

《センチュリオン クロス ライン500》やや幅広のタイヤを装備していて、安定した走りで乗り心地もいい。ドイツブランド。税込8万9250円（マルイ）。

《スペシャライズド シラス》アメリカブランド。アルミフレームと人間工学に基づいたサドルで乗り心地の秀逸なクロスバイク。税込7万500円（スペシャライズド・ジャパン）。

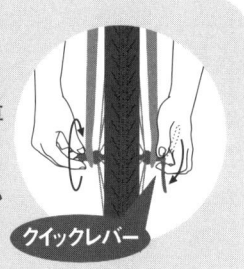

《ミヤタ ゾーン ストリート》アルミフレームで作られ、荷物を積むためのキャリアや泥よけも装備。通勤・通学に向く。税込8万6800円（ミヤタ）。

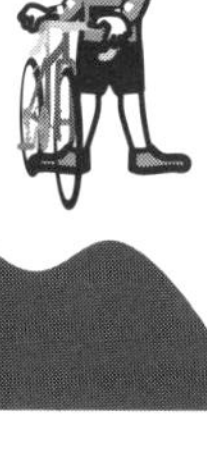

スポーツタイプの自転車はクイックレリーズで見分ける

真のスポーツバイクと、形だけ似せてある類型車とでは、材質も性能も大違いだ。外見にまどわされず、簡単に見分ける方法がある。クイックレリーズのレバー（P115参照）で車輪をはずせるかどうか。スポーツバイクだったら、車輪にクイックレリーズが採用されているはずだ。

自転車の種類 ②

ロードバイク

—軽やかにスピーディに走り抜ける—

advice

自転車のタイプによって安定して走れる速度が違う

ロードバイクなら時速30kmでも快適に走れるが、買い物用の実用車だったら、ハンドルがふるえて非常に不安定な状態になってしまう。それぞれの車種には巡航速度があり、快適に走れる速度が違っているんだ。

ドロップハンドルに細タイヤ 本格スポーツバイクの代名詞

舗装された道路を高速で走るためのスポーツバイク、それがロードバイクだ。日本ではロードレーサーの名で呼ばれることもある。

特徴は、スピードを追求するために欠かせない軽量性とタイヤの細さ。ロードバイクの重量は、ほとんどが10kgを切り、7kg程度のものまである。片手で軽々と持ち上げられる軽さだ。

タイヤは細く、高圧の空気を入れるようになっている。路面に接する面積が少なくなり、ロードバイク特有の走りの軽さが生み出されるのだ。

ハンドルは、独特なカーブを描くドロップハンドルだ。握る場所を変えることができ、長時間走行でも上半身が疲れにくい。道路の起伏や風向きの変化にも対応しやすい。

スタンドやかごは 美しさをだいなしにしてしまう

ロードバイクは、ちょっとした街乗りには適さない。街で走るためにスタンドや泥よけなどをつけてしまうと、ロードバイクの洗練された美しさが半減してしまう。低速でトロトロ走っていて快適な自転車でもない。

ロードバイクに乗るなら、醍醐味である軽快な高速走行を楽しみたい。

[ロードバイクの特徴]

フレーム

「ダイヤモンド」といわれるつくりは、見た目が美しいだけではない。耐久性や路面の振動吸収性を追求してたどり着いたデザインだ。写真のようにフレームの上部（トップチューブ）が地面と平行なタイプとやや斜めになったタイプがある。素材による違いはP25へ。

ドロップハンドル

いろいろな握り方ができるため、前傾姿勢をとったり、上体を起こしたり、姿勢を自由に変えられ、疲れにくい（P78参照）。

《**ピナレロ FP1**》ロードバイカーに人気のイタリアブランドの入門モデル。アルミ、カーボンで作られ、軽く快適な走り。税込17万7450円（ピナレロジャパン）。

ペダル

ノーマルなペダルとビンディングペダル（P59参照）のどちらもつけられる。走りを追求するなら、断然ビンディングペダルだ。ただし、ビンディングペダル用の靴は歩くことを想定していないため、普通に歩くことはむずかしい。

タイヤ

高圧の空気が入り、細いことが特徴。細ければ細いほど、また高圧であるほど路面抵抗が減って、走りが軽くなる。初心者は23C（㎜）以上を選ぶことをおすすめしたい。

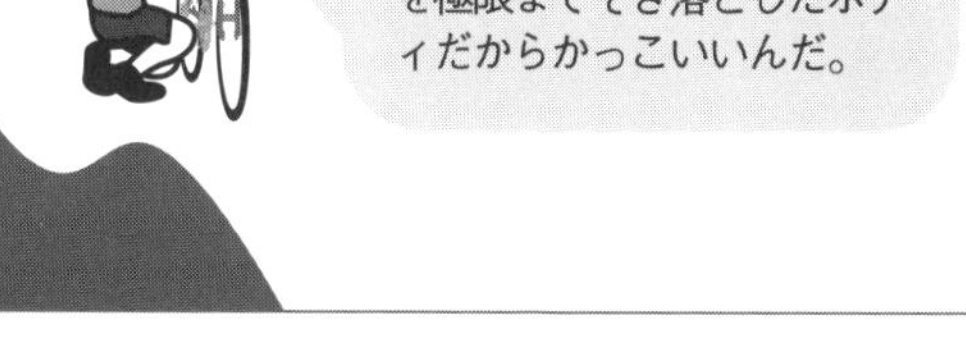
速く走るために、余分なものを極限までそぎ落としたボディだからかっこいいんだ。

《キャノンデール オプティモ・フェミニン2》女性の体型に合わせて設計されたフレーム。パーツ選びなどにもこだわりをもつ。税込29万8000円(キャノンデール)。

《オルベア アクア》入門者から中級者まで、幅広く使える高性能フレーム。100年以上の歴史があるスペインのブランド製。税込17万3040円（ダイナソア)。

《インターマックス スポーツレイズ》ロードバイカー今中大介のプロデュース。アルミで作られた本格的なエントリーモデル。税込12万8000円(インターマックス)。

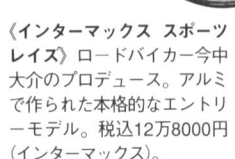

《トレック2.1C》豊富なフレームサイズがある。アルミとカーボンで作られ、衝撃吸収性に優れている。税込17万5000円（トレック・ジャパン）。

《コルナゴ プリマヴェーラ ティアグラ》イタリアの老舗ブランドが作るエントリーモデル。長距離も快適に走れる。税込16万8000円（エヌビーエス）。

●フレームの素材いろいろ

同じ素材でもグレードや加工によって異なる。一概にはいえないが、フレームの各素材は下のような特徴がある。素材を組み合わせたハイブリッドフレームも。

アルミ

軽量で価格もまずまずだが、振動の吸収性に劣るのが欠点。現在、スポーツバイクの主役を担っている。

スチール（クロモリ）

手ごろな価格で、アルミよりも弾性がある。加工も容易で根強い人気があるが、ほかの素材より重いことが欠点。

チタン

軽いが、振動吸収性はまずまずといったところ。耐候性に優れている。鉄より軽い。極めて高価。

カーボン

軽さと振動吸収性にもっとも優れ、オンロード用自転車のフレーム素材としては高い人気。問題は価格が高いこと。

自転車の種類 ③

マウンテンバイク（MTB）
――でこぼこ道でも安定している――

マウンテンバイクといっても種類がたくさんある

マウンテンバイクとは、山を走るための自転車のこと。オフロードのでこぼこ道を安定して走るために、やや幅の広いフラットハンドルを備え、ごつごつしたブロックパターンの太いタイヤをつけている。強度の高い頑丈なフレーム、強力なブレーキ、ワイドなチェンジギア、衝撃を吸収するサスペンションなどを備えているのが基本的な特徴だ。

ただ、一言でマウンテンバイクといっても、最近は使用目的などによる細分化が進んでいる。充実した衝撃吸収性で悪路や下りの性能を高めたダウンヒル（DH）、レース志向を高めたクロスカントリー、純粋に野山を走るオールマウンテン、といった具合だ。

サスペンションとブレーキに注目

サスペンションは、前輪だけについているタイプと、前後輪ともについているタイプとがある。衝撃をやわらげるだけでなく、タイヤがはずむのを防ぐことで、なめらかな走りを実現させている。ただ、ペダリング（こぐ）の力が吸収されるので、エネルギー効率は多少悪くなる。

ブレーキは、一般的なVブレーキのほか、より強力な機械式ディスクブレーキなどが使われることもある。

MTBルックに注意

外見はマウンテンバイクに似ているが、材質からも、性能からも、MTBとは呼べない自転車がある。コスト重視で作られた安価なものだが、山道を走り回るには、これでは危険。外見だけで判断しないように注意しよう。

[マウンテンバイクの特徴]

サドル

サドルの前後位置の調整幅が広く、多様な乗車姿勢をとることができる。

フラットハンドル

でこぼこ道でも安定した操作のできる一直線のハンドルが採用されている。

《コナ HOSS》 肉厚のフレームで強度が高い。長距離走行にも適している。コナは北米のMTB界を牽引するブランド。税込10万5000円（アキコーポレーション）。

タイヤ

26インチが中心。タイヤの幅も広く、ぼこぼことしたブロックパターンのタイヤが採用されている。オンロードを走るときは、ブロックパターンの少ないスリックタイヤ（P162参照）にかえるといい。

変速機

18段、21段、24段など、たくさんのギアを備えている。

サスペンション

でこぼこ道を走る際の衝撃を吸収するために、サスペンションがついているものが多い（前輪のみをリジッド、前後についているものをフルサスという）。

《スペシャライズド　ロックホッパー　コンプディスク》アルミフレームとフロントサスペンションを装備。長距離走行にも向く。税込11万円（スペシャライズドジャパン）。

《ゲイリーフィッシャー マリーンジェネシスター》女性の体型を考慮して、体にフィットして取り回しやすいつくり。価格未定（トレック・ジャパン）。

《メリダ マッツ TFS 100D》軽量のアルミフレーム製。操作性が高く、24段変速。税込7万3800円（ブリヂストンサイクル）。

《ロッキー・マウンテン バーテックス10》 軽量性と快適な乗り心地を追求して作られている。カナダメーカー製。税込19万7400円（エイアンドエフ）。

《ハロー エスケープスポーツ》 入門用のオールマウンテンバイク。極太タイヤで激しい走りでも安定性が高い。税込9万9750円（モトクロスインターナショナル）。

BMX

いろいろな技ができる競技用小型車

バイシクル・モトクロスの略で、モトクロスを自転車でやろうという発想から生まれた。起伏と急カーブを備えたコースでスピードを競うＢＭＸレーサーと、技を競うＢＭＸフリースタイルとがある。フリースタイルでは、走りながら次々と技を繰り出す。

《GT パフォーマー》 カリフォルニア生まれのフリースタイルのモデル。子どもと一緒に楽しむことができる。税込5万2290円（ライトウェイプロダクツジャパン）。

SELECT

自転車の種類 ④

スモールバイク（ミニベロ）

― 小回りが利いて気軽に乗れる ―

[スモールバイクの特徴]

クイックレリーズ

スポーツタイプを選ぶなら、クイックレリーズ（P21参照）が採用されているかをチェック。

ハンドル

ママチャリタイプ、フラットハンドル、ドロップハンドルまでさまざま。

タイヤ

とくに定義はないが、20インチ以下のものが多い。

《ラレー RSS RSW スポーツ》 ラレーはイギリスの伝統あるブランド。ダイヤモンド型のフレームを採用した本格派。クラシカルな雰囲気が特徴だ。税込5万2290円（新家工業）。

ママチャリ仕様からロード仕様まで いろいろなタイプがある

普通の自転車より小さな車輪を持つ自転車を、スモールバイク（ミニベロ）と総称する。車輪が小さいと、重心が低くなるため安定がよく、こぎ出しも軽くなる。また、一般に前後の車輪の間隔も狭くなっていることが多く、このタイプは小回りが利くので街中を走りやすい。

買い物に適したママチャリ仕様だけでなく、スポーツバイクに小さな車輪をつけたロードバイク仕様やマウンテンバイク仕様もある。これなら本格的な走りを楽しめる。いずれにしても、見た目のかわいらしさが特徴だ。

ブランドのこだわりを知れば、もっと楽しめる

自転車の歴史は1813年（1818年説もある）にドイツのドライスが発明した「ドライジーネ」からはじまるといわれる。以来約200年、ヨーロッパをはじめ、アメリカ、日本などで多彩なブランドが生まれた。なかには、100年以上の歴史を持つ老舗ブランドも少なくない。それぞれの得意分野や歴史を調べていけば、ますます自転車に愛着がわくはずだ。

《ルイガノ LGS-SK》フレーム中央が超低床のため、スカートでも安心。キックボードのようにこぐこともできる。8段変速。税込16万6950円（アキコーポレーション）。

《コーダーブルーム カナフ》アルミ素材で軽量。スポーツサドルのためにこぎやすく、6段変速を装備している。税込2万9400円（ホダカ）。

《フリッパー》街乗りスタイルの小型の電動自転車。折りたたむこともできる。6段変速。税込8万4800円（パナソニックサイクルテック）。

折りたたみバイク
―持ち運びや保管のしやすさは一番―

折りたたみでも本格的な走りを楽しめる

小さく折りたたむことができ、持ち運びしやすい。車のトランクにも入るし、専用の袋に入れて列車に乗ることもできる。車や列車で遠くまで出かけていき、そこでサイクリングを楽しむのに適した自転車だ。

もちろん、保管にも便利。集合住宅で保管スペースがない場合、室内に入れてもさほど場所をとらなくてすむ。

走りを優先したタイプと、小さく折りたためることを優先したタイプとがある。サイクリングを楽しむなら、走りを優先したタイプがいいだろう。

[折りたたみバイクの特徴]

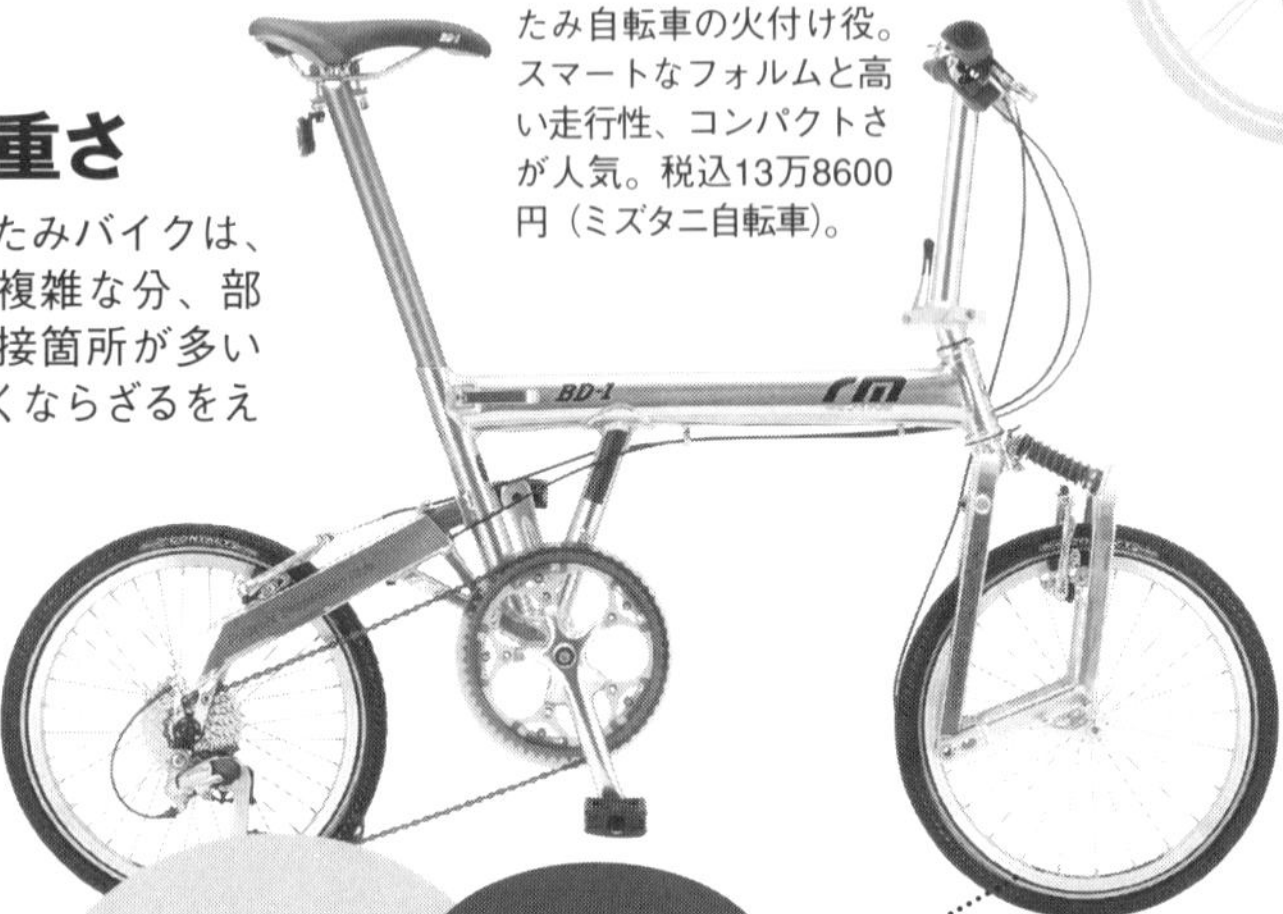

《リーズ＆ミューラー BD-1スタンダード》折りたたみ自転車の火付け役。スマートなフォルムと高い走行性、コンパクトさが人気。税込13万8600円（ミズタニ自転車）。

重さ

折りたたみバイクは、構造が複雑な分、部品や溶接箇所が多いため重くならざるをえない。

タイヤ

折りたたんだときの大きさをタイヤより小さくはできないため、小さいタイヤが多い。

《アレックス・モールトン TSR-8》イギリスの老舗メーカーが作る入門車。繊細なデザインと優れた機能性、安定した乗り心地。税込26万400円（ダイナベクター）。

《ブロンプトン　M3L》シンプルで愛嬌あるデザインで街乗りにぴったり。折りたたみのしやすさ、コンパクトさも高い。税込12万4950円（ミズタニ自転車）。

安価な折りたたみバイクに気をつけよう

複雑な構造の分、普通の自転車より価格が高くて当然。さらに構造が複雑でも軽量で、十分な強度を得るには、部品の品質を上げるしかない。安価な折りたたみ自転車は、重くて耐久性に乏しいことがあるので注意しよう。

《ポケット》競技用車椅子なども作る国産メーカーが販売。ホイールは8インチだが走りはママチャリ並み。折りたたみも簡単。税込5万2500円（オーエックスエンジニアリング）。

自転車の種類 ⑥

ランドナー
―サイクリングに好適。長距離を快走する―

[ランドナーの特徴]

《アラヤ ランドナー RAN》自然のなか、旅先にしっくり溶け込む落ち着いたデザイン。深苔色と紅葉色の2色ある。税込14万1750円（新家工業）。

ランドナーバー
ドロップハンドルで、フラット部分の両端が上がっているタイプ。

タイヤ
ロードバイクよりひとまわり小さい26インチの太めのタイヤが多い。

フロントキャリア
フロントバッグをとりつけるためのもの。

どんな道でも気にせず
ゆったり疲れず走れる

もともと長い距離を旅行するために生まれた自転車。荷物を積んで、のんびり走るのに適している。

舗装道路だけでなく、未舗装の田舎道も走れるように、やや太めのタイヤを備え、泥よけやライトもついている。どんな環境でも走り続けることができるたくましさが、ランドナーの持ち味だ。

バッグを装着するためのキャリアもついている。日帰りのサイクリングなら、ハンドルの前につけるフロントバッグで十分。長期の自転車旅行には、前輪や後輪の両脇にサイドバッグを装着する。

《エンペラー　ツーリングマスター》ランドナーの完成車を作る数少ない国産メーカー製。日帰りでも、荷物の多い泊まりでも自転車旅行ならこれ。限定発売。税込9万1350円（丸石サイクル）。

スポルティーフ

フランス生まれの実用的なロードバイク

旅行用として生まれた自転車。おもに舗装道路を走ることを想定して、細く高圧のタイヤを装着しているのが、ランドナーと異なる点。ロードバイクに、泥よけ、ライト、キャリアをつけたような自転車と考えればいいだろう。

ランドナーやスポルティーフの完成車の販売は稀で、専門のショップでこだわりのオーダーメイドを頼むケースが一般的なんだ。

《ビアンキ アンコーラ》イタリアの名門ブランドが作る旅行のための自転車。革のサドルが旅情感をぐっと盛り上げる。税込8万1900円（サイクルヨーロッパジャパン）。

自転車の種類 7

特殊バイク ―人と違うスポーツバイクを楽しむ―

ピスト

トラック競技で使われる。固定ギアなので、走っている間ペダルは回り続ける。ブレーキはなく、止まるにはペダルに逆向きの力を加える。公道を走るにはブレーキの装着が必要。

《ブリヂストン アンカーPA3》公道を走ることができるシングルスピードのピストロード。極めてシンプルでクールなデザイン。税込11万円（ブリヂストンサイクル）。

リカンベント

寝そべる姿勢で乗る。体が支えられているので、長時間こぎ続けても疲れが少ない。空気抵抗が小さく、かなりのスピードを出すことができる。

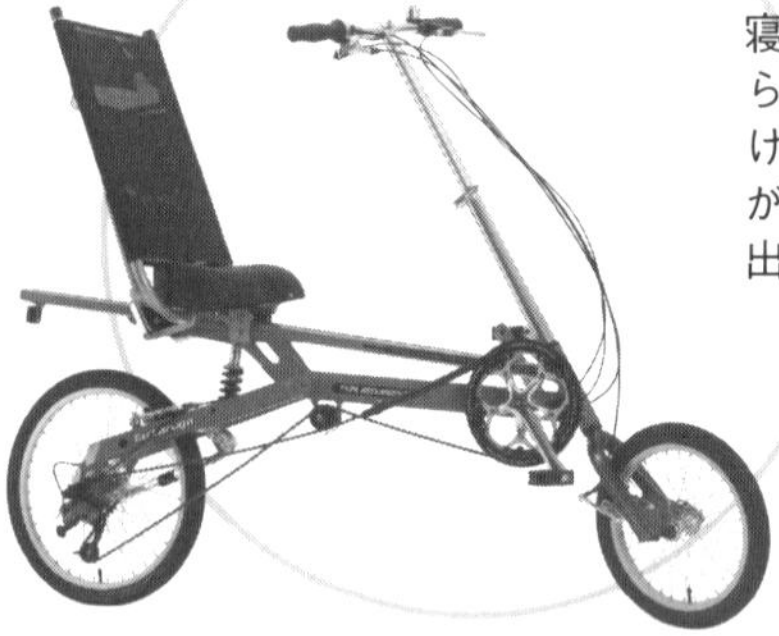

《タルタルーガ タイプR》日本人プロダクトデザイナーがプロデュースした本格リカンベント。体の負担が少なく、楽に長時間走れる。24段変速。税込27万900円（ミズタニ自転車）。

自転車の楽しさがもっと広がる

自転車には実にいろいろな種類がある。ふだん見慣れている自転車とはかなり違っているのが、ここに紹介する特殊バイク。人と違う自転車に乗りたいという人や、自転車の魅力をもっと幅広く味わいたいという人には、特殊バイクはなかなか魅力的だ。

これらの自転車が好きな人は、今はまだ少数派だが、将来はもっと多くの人が乗るようになっているかもしれない。

ただ、特殊バイクのなかには、ピストのように、そのままでは公道を走れない自転車もあるので注意が必要。

タンデム

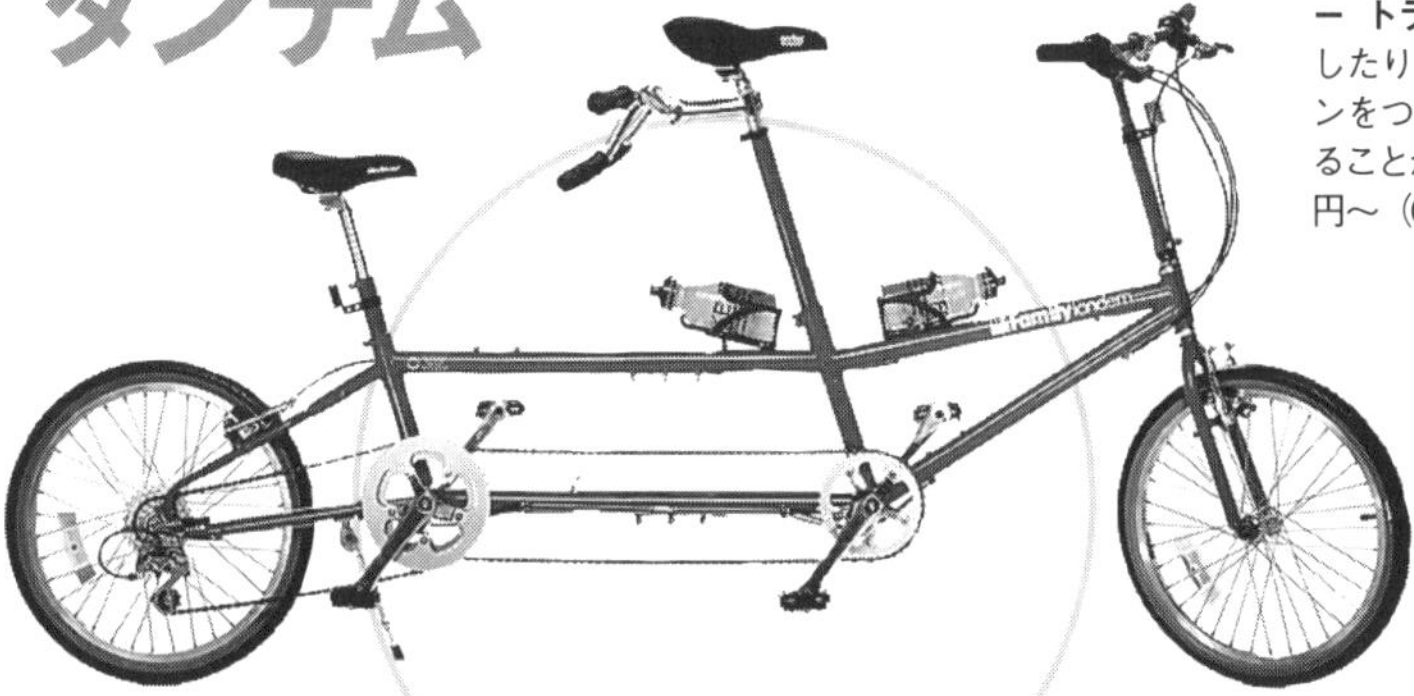

《バイク・フライデー ファミリー トラベラー》シートを調整したり、子ども用のオプションをつければ、小学生でも乗ることが可能。税込19万5000円～（CYCLETECH-IKD）。

※基本的に公道走行は不可だが、可能な地域もあるので確認を。

2人乗り用の自転車。体力差がある人同士でも、ペースを気にせずサイクリングを楽しめる。2人の力を利用できるのに、空気抵抗は1人分ですむ。

ビーチクルーザー

サーファーがサーフボードを抱えて移動するのに使っていた自転車。砂地でも走れる太いタイヤ。ボードを抱えて乗るため、ブレーキレバーは片側だけ。

《シュウィン クルーザー クラシック3》ツートンカラーが配された爽やかな外観。アメリカブランド。税込4万3050円（マルイ）。

電動アシストバイク

ペダルを踏む力をモーターがアシストしてくれる自転車。軽量で折りたたみ可能な車種も登場している。体力に自信がなくても自転車を楽しめる。

《PAS CITY-S リチウム》Xを描く斬新なデザインと軽快な乗り心地。約2時間の充電で約30km走る。税込10万2800円（ヤマハ電気発動機）。

気になる
Q&A
［セッティング］

advice
すべては より楽しく走るために

サドルとハンドルのセッティングを変え、上体を前傾させると走りが楽になる。しかし、怖い人や、腹が邪魔で前傾すると苦しい人は、無理しないこと。辛くなるようでは本末転倒だ。徐々に慣れていこう。

Q 手持ちの自転車を走りやすくしたいのですが？

A 少し手を加えるだけでより快適な走りが手に入る

スポーツバイクではなくても、もっと快適に走るための方法はある。

まずはサドルを上げる。サドルに座ってペダルを最下点にしたとき、脚が伸びる程度の高さがいい。ハンドルはサドルと同じ高さにしよう。自然に前傾姿勢がとれて、ペダリングがぐんと楽になる。

タイヤの空気圧は、タイヤを親指で力いっぱい押して、軽くへこむ程度が目安。

チェーンには注油しよう。これも快適に走るためには欠かせない。チェーンがプロテクターでカバーされているタイプは、プロテクターの後部をはずして、後ろのギア部分に注油する。

ママチャリもセッティング次第で軽い走りになる

ママチャリは軽快に走ることを放棄した自転車だが、サドルを上げて乗車姿勢を変化させるだけで、ペダリングの運動効率は飛躍的に向上する。

さらに、サドルを前後に動かしてみる。ママチャリはハンドルとサドルの位置が近いことが多い。ほとんどの場合、サドルを後ろにずらしたほうが理想の乗車姿勢に近づく。

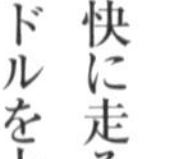

[走りを軽くするための3ポイント]

サドルを高くしたら…

地面に足がべったりとつかなくなるため、止まるときや降りるときにはとくに注意しよう。

point 1 サドルを上げる

乗る人の脚の長さに応じて高くする。最下点のペダルに足をかけ、ひざが伸びる程度がいい。前後位置も調整して理想の乗車姿勢を。

point 2 チェーンに油をさす

チェーンが油切れ状態では快適に走れない。注油したらチェーンを回して全体に行きわたらせ、余分な油はふき取っておく。

→ P110へ

point 3 タイヤに空気を入れる

空気圧が足りないと路面との接触面積が広くなり、走りが重くなる。空気を入れるだけで、走りの快適さが大幅にアップ。

→ P108へ

気になる
Q&A
［セッティング］

advice

安物買いの銭失いに気をつけて

安いという理由だけで自転車を買うのは感心しないね。体に合わない自転車は、疲れるので乗るのがいやになるし、アフターサービスがないために苦労することもある。かえって高い買い物になってしまうこともあるんだ。

Q 体に合った自転車ってどうやって選べばいいの？

A フレームサイズを選び、実際に乗ってみてパーツ位置を調整する

ショップに並ぶ自転車にも、いろいろなサイズがある。まずは、体のサイズに合ったフレームを選ぶことが大切。フレームサイズが合っていれば、ポジションを細かく調整することで、ぴったりフィットした自転車にすることが可能だ。

ポジションとは、ハンドル、サドル、ペダルといった乗り手の体が触れる部分の位置関係をいう。つまり、自転車側の問題。これに対し、フォームとは、乗り手の乗車姿勢のこと。理想的なフォームになるように、ポジションを調整するのだが、基本となるフレームサイズが体に合っていないと、いくらポジションを動かしても、理想的なフォームをとることはむずかしい。

「股下長－25㎝」か「股下長×0・65」が、自分に合ったフレームサイズの目安だ。マウンテンバイクの場合には、この値から10㎝以上引いたサイズを選ぶ必要がある。

対象となる身長の範囲が示されている自転車もあるが、これは参考程度と考えたほうがいい。基本となるのは股下長。選ぶときには実際に乗ってみたときの感覚も大切にしよう。

サドルの前にまたがってみる

フレームと股下の間に余裕をもたせること。

ロードバイク…3cm程度
MTB…10cm程度

サドルの高さを決める

サドルに座って足を下ろすと、つま先が地面にぎりぎりつくくらい。ペダルを最下点にしたとき、ひざが伸びる程度にする。サドルが低すぎると、関節や筋肉への負担が大きく、疲れやすくなる。

ハンドルの位置を決める

ハンドルを握った状態で横から見たとき、上半身と腕の角度が90度程度だといい。ハンドル位置が高いほど、上体が起きてリラックスでき、呼吸も楽。逆に低くて遠い位置だと、力強く走れる。

ブレーキレバーの位置を決める

ハンドルを握ったときに、腕の延長線上にブレーキレバーがくる角度がベスト。手首に負担がかからず、ブレーキもかけやすい。

サドルの前後位置を決める

足の指のつけ根をペダルの中心に置き、左右のペダルを水平にしたとき、ひざとペダルの中心が垂直になるくらいがちょうどいい。サドルを水平にセットすることも大事。

SELECT

気になる
Q&A
［置き場］

Q マンションに住んでいます。共有の駐輪場に置こうと思ってますが？

A スポーツバイクは室内保管が理想。置き場のことも考慮して

自転車を室内に入れるなんて……、と思う人は少なくないだろう。しかし、スポーツバイクは室内保管が理想だ。

室外に置くと、盗難の危険がある。マンションの駐輪場といっても安全ではない。チェーンなどでロックしておいても、盗難にあうケースはある。パーツが盗まれることもある。また、風雨で自転車が傷みやすいことも問題。雨ざらしにするのはもってのほかだが、屋根があっても、自転車に雨がかかることもある。

これからスポーツバイクを購入する人は、まず室内の保管場所を確保したい。

エレベーターを使うときは自転車を立てるといい

自転車の前輪を持ち上げて縦にすれば、狭いエレベーターでもすんなり入る。決してむずかしくないからやってみよう。立てたときに、後輪のブレーキをかけておくのがコツだよ。

●眺める楽しみも増える

盗まれない

高価なスポーツバイクは、ママチャリよりはるかに盗難にあいやすい。室内に保管すれば、まずは安心だ。

汚れない

屋外では土ぼこりをかぶって、どうしても汚れてしまう。いつもきれいな状態を保つなら室内しかない。

●インテリアとして見せる

- スタンドタイプ
- つるすタイプ

スポーツバイクは美しい。そこで、インテリアのひとつとして飾っておくのもおすすめの収納方法だ。飾り方としては、スタンドで立たせる方法と、壁や天井からつるす方法がある。

●コンパクトにして収納する

折りたたみ自転車なら、あまりスペースをとらずに収納可能。折りたたみでなくても、前輪をはずすと前後が短くなり、収納しやすい。前後輪をはずせばかなりコンパクト。

気になる
Q&A
［購入］

advice

自転車イベントで
憧れのバイクに乗ってみよう

自転車のよさは、カタログを眺めていても十分にはわからない。展示会などに参加して、いろいろな自転車を試乗してみるといい。毎年秋に関東と関西で催されるサイクルモードは最新モデルが集まる国内最大級のイベントだ。

Q スポーツバイクを買います。いくらくらいかかりますか？

A 自転車本体の値段にプラス2～3万の予算を組むといい

はじめてのスポーツバイクなら、予算は4～10万円くらいが妥当だ。このくらいの価格帯で、各メーカーが数種類のスポーツバイクを作っている。初心者が乗るのに十分な性能をもち、今後のグレードアップにも耐えられる自転車を、購入することができるだろう。

ロードバイクもマウンテンバイクもあるが、この価格帯で種類が豊富なのはクロスバイク。販売される車種が多く、好みに合った自転車を選ぶことができる。

ただ、自転車ライフを楽しむには、自転車以外にも必要になるものがたくさんある。空気入れ、カギ、ライト、ヘルメット、ウエア、シューズ、工具などを購入することも考えると、自転車の値段プラス2～3万円の予算があるといい。

自転車の価格は、ほぼ材質や性能に比例している。値段の高い自転車ほど、いい材質を使い、優れた性能をもっている。

しかし、はじめてスポーツバイクを買う人に、10万円を大きく超えるような値段の自転車はすすめない。初心者では、こうした自転車のもつ優れた性能を、十分に引き出すことがむずかしいからだ。

[目的に合わせて必要なものをそろえる]

マストアイテム

空気入れ

タイヤに空気を入れるのに必要不可欠。空気圧メータのついたものを選ぼう。携帯ポンプもあると便利。

カギ

チェーンロックが一般的。自転車から離れないならともかく、1分間でも目を離すなら必要になる。

ライト

電池が長持ちするＬＥＤライトが主流。暗くなったとき、周囲の車や歩行者に存在を知らせるためにも必要だ。

＋

趣味で乗る人

ヘルメットやグローブ、アイウエア、ウエアなど、安全・快適に走るための自転車専用グッズがほしくなる。

実用で使う人

自転車を止めるためのスタンドや、荷物を入れるかご、ベル、泥よけなど、実用的なアイテムが必要だ。

メンテナンス道具

自転車の掃除に使う汚れ落としや、注油用のオイル、パンク修理の道具など、メンテナンスに必要なアイテム。

→ Part 3 P109、114へ

ウエア

サイクリスト向けに作られたウエアなら機能性は秀逸。専用ウエアでなくても、乗りやすさとかっこよさの両方を求めたいものだ。

→ Part 5 P170へ

オプション・グッズ

より快適に自分らしく走るために、パーツを交換する、オプションアイテムをとりつけるなど、だんだん手を加えたくなってくる。

→ Part 5 P162へ

SELECT

気になる

Q&A

［服装］

Q 乗るときはどんな服装がいいですか？

A 体にフィットした服が走りやすい。あとは自分の感性で楽しもう

　服装に関して、こうでなければならない、ということは基本的にはない。自分が楽しんで走れる格好が一番だ。ただ、快適に走るには、体にフィットした服装を選びたい。フィットしていないと、空気をはらんでばたついてしまうからだ。

　また、ペダリングを妨げないという意味では、足もとはすっきりしているほうがいい。季節にもよるが、女性なら七分丈のパンツなどは理想に近い。すそが幅広の場合には、ギアにからむ危険もあるので、すそ止めが必要になる。

　シューズは足首の動きが制限されないローカットのものがよく、靴底は薄いほうがいい。季節にかかわらず手袋はあったほうがいい。

サイクリスト向けのアイテムなら機能性はバツグン

　本格的にスポーツバイクの走りを楽しむなら、サイクリスト向けのウエアがおすすめだ。フィット性に加えて伸縮性に優れているので、体の動きを制限しない。吸汗性と速乾性も高いので、汗をかいても快適だ。寒い季節にも体を冷やさず走ることができる。

advice

自転車に乗れない人は…

ひとりで転びながら練習するより、乗り方やルール、マナーも学べる教室などで教えてもらったほうがいい。無料で開催されている教室もあるので、活用しよう。早い人だと、2～3時間で乗れるようになるよ。

●快適に走るために気をつけたいポイント

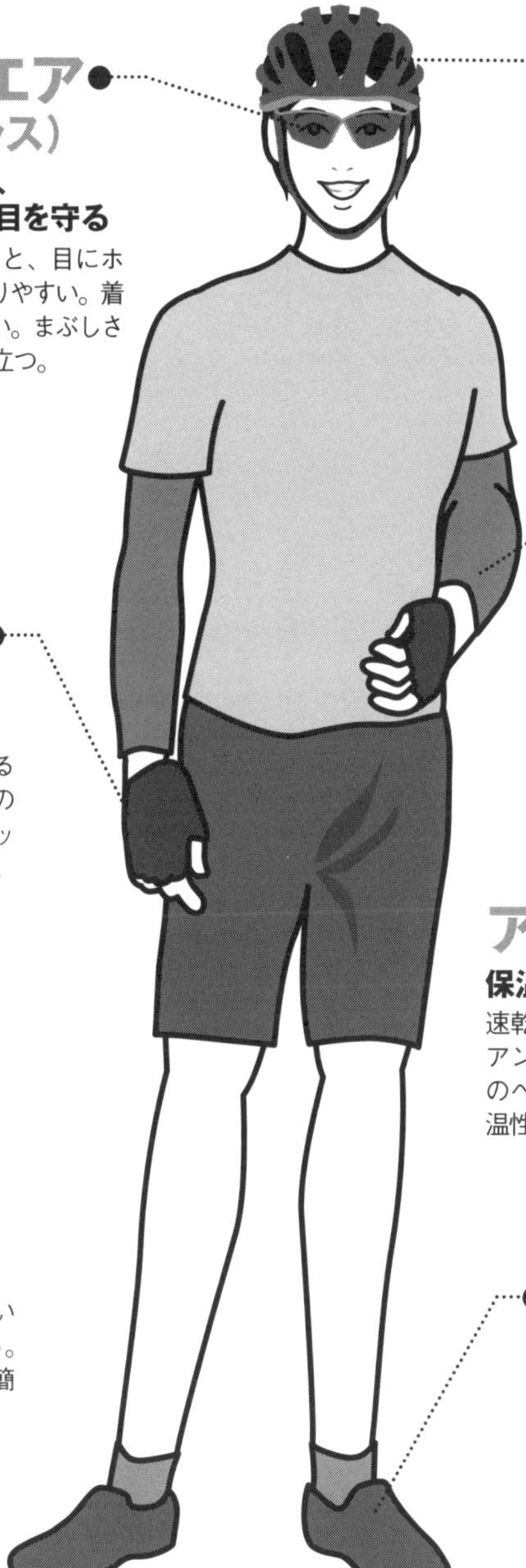

アイウエア（サングラス）

ホコリやごみ、まぶしさから目を守る

風を切って走ると、目にホコリやごみが入りやすい。着用したほうがいい。まぶしさを防ぐのにも役立つ。

ヘルメット

もしものとき以外に自動車へのアピール効果も

転倒したときに頭を守るのが基本的な役割。周囲のドライバーに自分の存在をアピールするのにも役立つ。

ウエア

上下ともに体にフィットしたものを

空気抵抗を減らして快適に走るなら、ばたつかないウエアを選ぶ。伸縮素材ならフィットしても動きやすい。

グローブ

握りやすく、手を保護できる

転倒したときに手を守るために欠かせない。手のひら部分に衝撃吸収パッドの入ったものもある。

アンダーウエア

保温と汗対策のために

速乾性をもつ機能性素材のアンダーウエアは、夏は汗のべたつきを防ぎ、冬は保温性を高めるのに効果的。

すそ止め

ダボつくすそは止める

すそがギアにからまないようにする必要がある。専用バンドなら着脱も簡単だ。

シューズ

ローカットで底の薄いものを

ブーツやハイカットのシューズは、ペダリングの妨げになるので不向き。薄く硬めの靴底がいい。

bicycle column 1

ロードレースにトラックレース、サイクルサッカー……。激しく、爽快で、美しい自転車競技を楽しむ

日本人になじみがある自転車競技といえば「ケイリン」だろう。日本で生まれた「競輪」が発展し、「ケイリン」というオリンピックの正式種目にもなった。トラックを周回して２０００ｍを競う。走行中の駆け引きと、時速70㎞ものスピードが醍醐味だ。

競技場を周回するトラックレースで、ひとりずつ走りタイムを競う「タイムトライアル」。コンマ1秒を争うわずか1分強のレースだ（男子１㎞の場合）。

１対１で決められた周回を走ってゴールを競う「スプリント」は、頭脳的な走行テクニックとラストの疾走が見もの。

また、２チームが3名で走り出し、1周ごとに各チームの先頭が抜け、3周目に最後のひとりがゴールしたタイムを競う「チーム・スプリント」もおもしろい。

ロードレース（詳しくは１０４ページ参照）やマウンテンバイクレースも見逃せない。

ロードバイクで一般道を走り、ゴールの順位や所要時間を競うロードレースや、マウンテンバイクで山岳コースを走るレースには、プロの大会だけでなく、アマチュア向けの大会も多い。

自転車を使ってボールをパス、シュートする「サイクルサッカー」や、音楽に合わせてアクロバットな演技をする「サイクルフィギュア」などの室内競技も楽しい。

Part 2

体が喜ぶ快適な走行テクニック

すぐに疲れる、体が痛くなる、
走っていてもさまにならない……。
基本的な走り方や交通ルールを身につける

走り出す前に ①

簡単な点検がごきげんな走りをキープする

毎日乗る人もかならずチェックする

自転車に乗る前には、かならず簡単な点検をしてほしい。安全のためでもあるし、快適に走るためでもある。

まず、タイヤの空気圧をチェックしよう。タイヤの空気は時間の経過とともに少しずつ抜けていく。指で押してみて、空気圧が足りないようなら、空気を入れる必要がある。適正な空気圧の感覚を指で覚えておくといい。

ブレーキは、自転車を動かしてブレーキをかけてみる。前ブレーキだけ、後ろブレーキだけと、片方ずつ試し、どちらもしっかり止まることを確認する。ブレーキシューが減っていないか、小石や砂が食い込んでいないかなども確認しておこう。

ねじのゆるみは異音でわかる

ゆるんでいるねじがないかどうかは、音でチェックする。自転車を少し持ち上げ、落としてみるのだ。おかしな音が聞こえたら、どこかのねじがゆるんでいる可能性がある。異音のするところを調べてみよう（113ページ参照）。

ねじのゆるみで気をつけたいのは、車軸についているクイックレリーズ。ここがゆるんでいると、大きな事故につながりかねない。忘れずにチェックしたい。

[忘れちゃいけない3つのチェック]

check 1
タイヤの空気は減っていない？

前輪、後輪とも、タイヤを指で押して空気圧をチェックする。簡単にへこむようなら空気圧不足。適正な空気圧のタイヤの硬さを覚えておこう。空気の入れ方はP108へ。

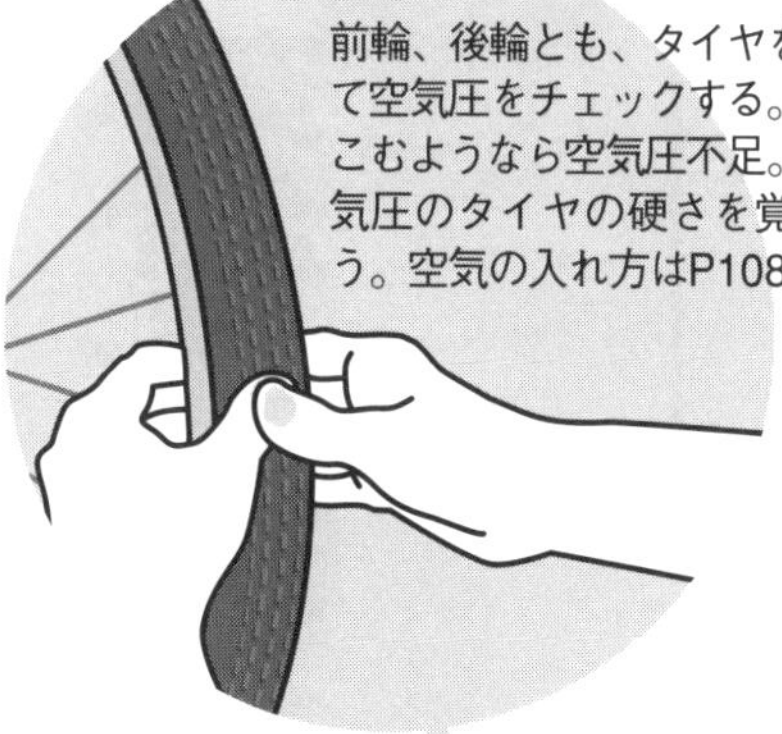

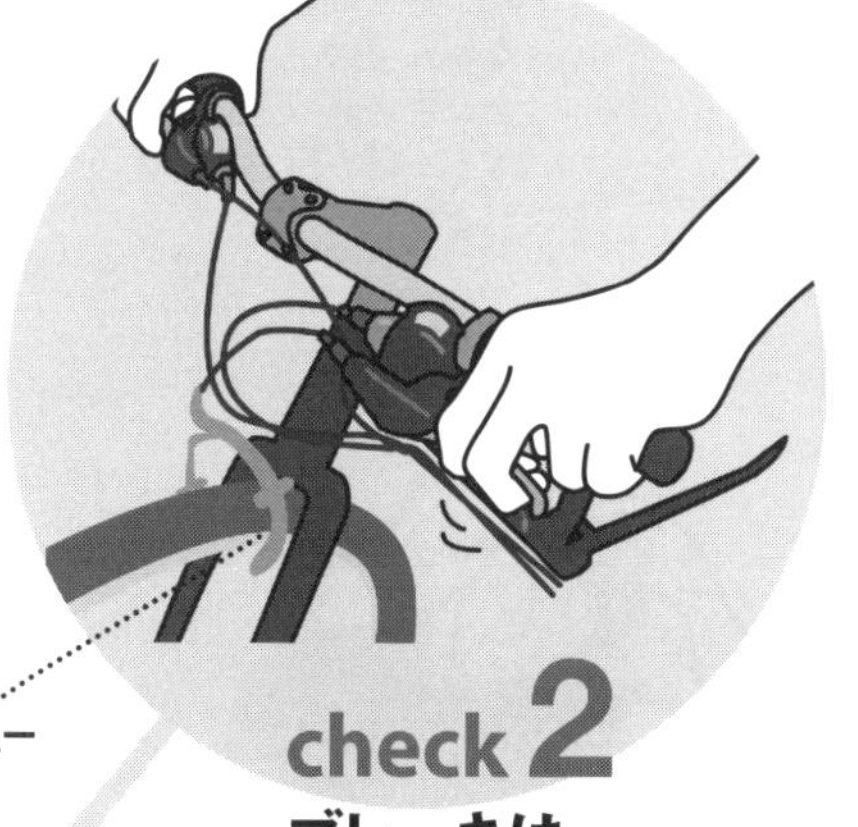

check 2
ブレーキはきちんと効く？

ブレーキが効くかどうかを確かめておく。実際に自転車にまたがり、体重のかかった状態で効くかどうかを調べよう。前ブレーキと後ろブレーキを、別々にチェックする。

check 3
ねじなどにゆるみはない？

自転車を少し持ち上げて落とすテストを行う。ねじのゆるみがあると、その部分に振動が生じるので、おかしな音が聞こえる。いつも行っていれば、すぐ異常に気づく。

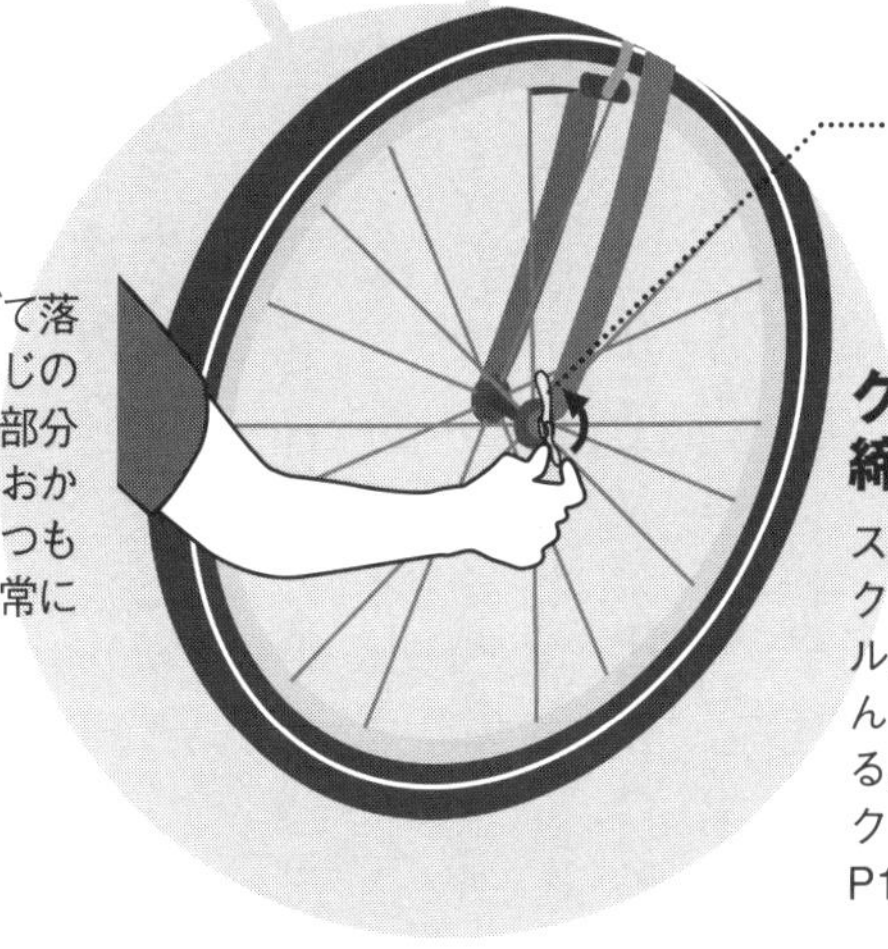

クイックレリーズの締まりを確認する

スポーツバイクは、クイックレリーズひとつでホイールがはずせる。ここがゆるんでいると事故につながる。要チェックだ。クイックレリーズの使い方はP115へ。

走り出す前に ②

ストレッチングで筋肉をほぐして安全、スムーズに走る

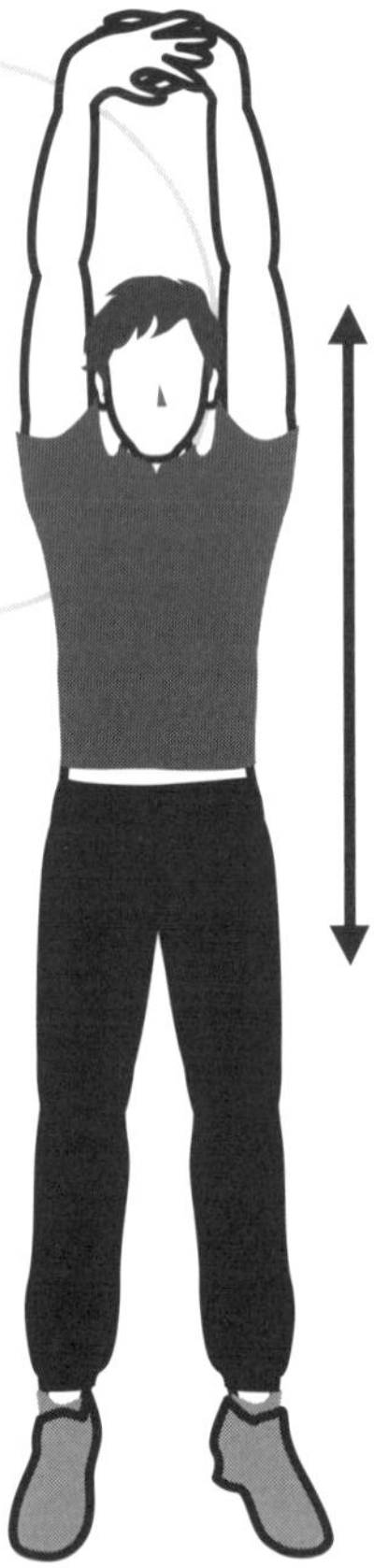

全身を伸ばす

軽く足を開いて立ち、両手を組んで頭上に伸ばし、真上に引っ張り上げるようにする。体が反らないようにしよう。

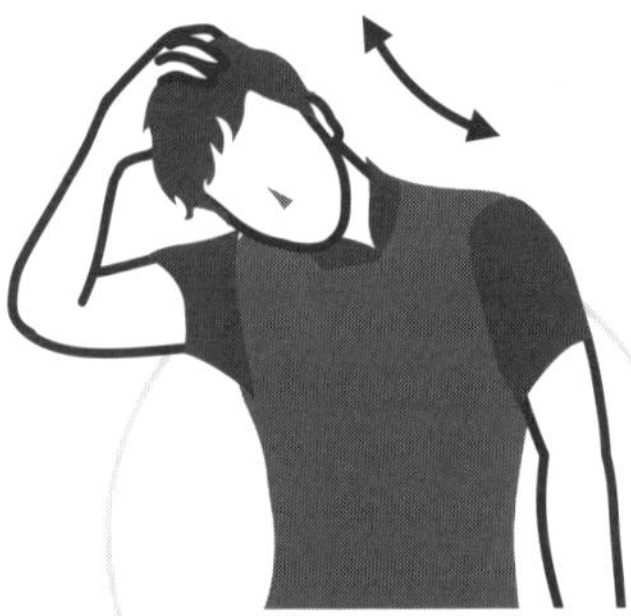

首を左右に伸ばす

頭に手をかけ、前後左右にゆっくりと曲げる。強く引っ張らないこと。自転車に乗っているとき、頭を支える首の筋肉をほぐす。

ストレッチングが代謝をよくし、体が楽に動く

スポーツ感覚で自転車に乗るなら、ウォーミングアップの一環としてストレッチングを行いたい。筋肉を適度に引き伸ばすと、血流が増えることで筋肉の温度が上がる。それによって、体が元気に動ける状態になるからだ。一般的なストレッチングはもちろん、自転車を使ったストレッチングも採り入れてみよう。

ストレッチングは正しいやり方で行うことが大切。弾みをつけたり、痛いほど伸ばしたりすると筋肉を痛めやすい。また、呼吸を止めると筋肉が緊張し、十分に伸ばせない。注意しよう。

アキレス腱を伸ばす

足を前後に開き、前に体重をかけて、後ろ側の足首を深く曲げる。後ろ側のひざを軽く曲げると、アキレス腱をより伸ばすことができる。

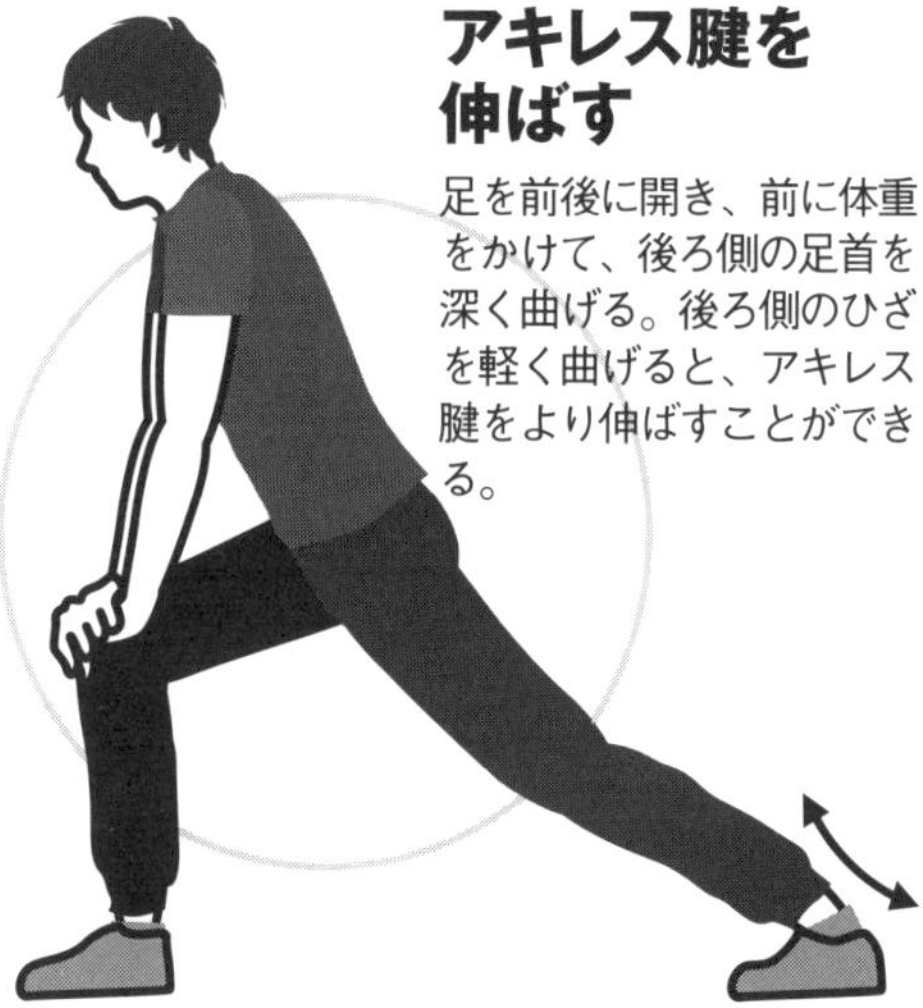

太ももの筋肉を伸ばす

片足のひざを深く曲げ、その足首を反対側の手で持ち、胸を張りながら引き上げる。もっとも酷使される太もも前面の筋肉が伸ばされる。

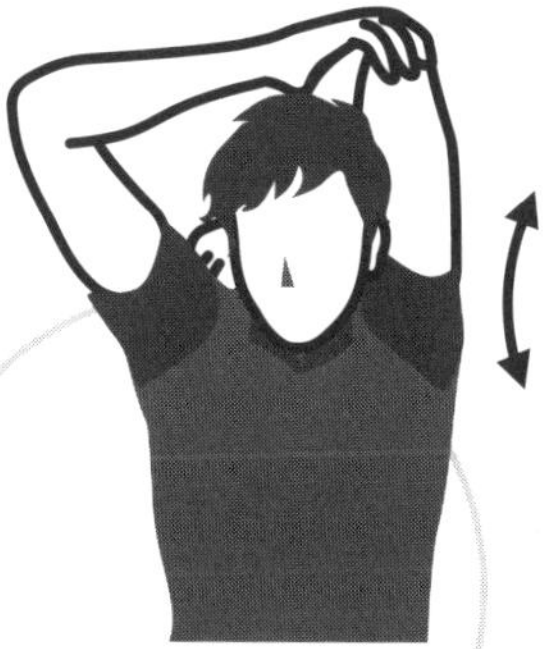

肩周辺の筋肉を伸ばす

左腕を曲げ、手のひらを右肩の後ろに置く。右手を左のひじにかけ、右側に引っ張る。反対側も行う。前かがみにならないように注意。

自転車を軸にして筋肉を伸ばすと、力を加えやすいよ。

正しい姿勢は美しい。疲れず快適に走る

正面
首
リラックスさせることが大切。あごを引き気味にし、首を自然に伸ばすのが楽な姿勢だ。
肩
緊張すると力が入ってしまう。力を抜いて、肩先をストンと落とす。
ひじ
衝撃を吸収するため軽く曲がっているのがベスト。外側に開かないように注意する。
手
小指と薬指で軽くハンドルを握り、中指と人差し指はブレーキレバーへ。

カーブを描いた背中。前傾姿勢がカッコイイ

買い物自転車に乗り慣れている人は、前傾姿勢に違和感があることが多い。しかし、ムダなくペダルに力を加えるためにも、上半身の力をうまく利用するためにも、前傾姿勢がいい。

力学的に効率のよい姿勢、正しいライディングフォームは美しいのだ。

荷物をたくさんカゴに入れ、近所を走るなら、買い物自転車にどっしり腰かける姿勢が楽だろう。しかし、スポーティに走るときは、買い物自転車に乗るときのように上体を直立させると、力を効率よく利用することができない。すぐに疲

横向き
背中
ゆるやかなカーブを描いているのが理想的。無理に背すじを伸ばしたりしないように。
視線
顔を上げすぎず、やや上目づかいにして前方を見る。近くばかりでなく周囲にも目を配ろう。
お尻
サドルに深く座り、重心を後方にもってくるようにする。前乗りになると腕が疲れる。
足
親指のつけ根をペダルの中心に乗せる。土踏まずでは効率のよいペダリングはできない。

れてしまうし、乗り心地も悪い。

姿勢がよければ長く乗っても疲れない

前傾姿勢をとったとき、ビギナーは腕や肩に力が入りやすい。恐怖心からハンドルを強く握り、前に体重がかかった姿勢になりやすいのだ。そのため、前傾姿勢で自転車に乗るのは疲れやすい、と思っている人が多い。もしも疲れやすいと感じるなら、その姿勢のどこかに無理があるからだ。

まず、上半身をリラックスさせて肩を落とし、頭は必要以上に上げないようにする。背中はゆるやかなカーブを描くようにし、サドルには深く座る。前傾しながらも、体重はハンドル、サドル、ペダルの3点でバランスよく支える。

正しい姿勢がとれるようになれば、長く乗っていても疲れにくい。体の各部を、ひとつひとつチェックしてみよう。

基本の走り方
❷
［こぎ出し］

前後左右を確認して安全な走り出しを

車やバイクがきていないか、後方を確認してから走り出すようにしよう。

安定して走り出すには

サドルに座ると、つま先がかろうじて路面につく程度になるが、この姿勢は非常に不安定なので、そのままこぎ出すのはむずかしい。

まず、フレームをまたいで立ち、ブレーキをかけた状態で、真横より少し上にしたペダルにきき足をかけ、ペダルを踏み込み、同時に体を持ち上げてサドルに座るのだ（左ページ参照）。ぐらつかずに走り出すことができる。

降りるときには、まずサドルからお尻を上げ、腰をサドルの前に出す。この姿勢から足をつくようにするとよい。

［安定したスタートの方法］

フレームをまたいで片足をペダルにかける

フレームをまたぐようにして立ち、ブレーキをかけた状態で、真横より少し上にセットしてあるペダルにきき足を乗せる。足がしっかりついているので、安定している。

こぎ出してからサドルに腰かける

ペダルに体重をかけながらブレーキを離すと、ふらつくことなく、スムーズにスタートすることができる。自転車が走り出してから、体を持ち上げてサドルに腰かける。

ひざを正面に向けて「拇指球」で回すようにこぐ

ペダルは「踏む」より「回す」ようにこぐ

ペダリングの基本はペダルを「回す」ことだが、ペダルを「踏む」ように力を加えている人が多い。これでは力がムダになって効率が悪く、脚の筋肉を疲労させる原因にもなる。

回す感覚を身につけるには、軽いギアを選択して、スムーズにペダリングしてみるとよい。重いギアだと、どうしても踏むペダリングになりやすい。

足を回転させているとき、ひざが正面を向いているかもチェックしよう。どちらかというと、ひざが開き気味になる人が多い。正面を向いたまま、左右にぶれずに上下するのが理想的だ。

土踏まずではなく親指のつけ根でこぐ

ペダルには、土踏まずではなく親指のつけ根（拇《ぼ》指球《しきゅう》）を置く。土踏まずでこいでも、力がうまくペダルに伝わらないからだ。

親指のつけ根をペダルの中心に乗せ、ペダルが下がりはじめたところで力を入れると、ペダルをなめらかに回転させることができる。ペダルが上がるときには、体重がかからないようにする。

ペダルを回そうとするあまり、足首を使いすぎないように注意しよう。足首はほぼ一定角度を保つようにする。

踏むのではなく 丸く回すイメージをもつ

ペダル位置は
指のつけ根と
土踏まずの間
上死点
一番上にきたらペダルを踏み下ろす
水平地点
ペダルに体重をかけない
水平地点
もっとも力が入れやすい位置
下死点
一番下にきたら、ペダルから力を抜く
NG
足首をカクカク動かすと力がうまく伝わらない

スポーツバイクに慣れたら ビンディングペダルにも挑戦を

ビンディングペダルとは、シューズを固定することができるペダルのこと。靴底にクリートという金具がついた専用シューズを使う（P167参照）。ペダルを引き上げる力も利用できるので、エネルギーをロスしないでペダルを回すことができる。足をひねるようにするだけで簡単にはずれるため、停車するときも心配ない。

基本の走り方 ❹
[コーナリング]

安全に曲がるにはスローイン、ファーストアウトで

減速

コーナーに入る前にしっかりとスピードを落とす

コーナーが近づいてきたら、ギアをシフトダウンし、ブレーキをかけて十分にスピードを落とす。コーナーを抜けたあとに加速するためにも、ギアチェンジを忘れずに。

自転車を曲げようとしないで、力を抜いて自転車についていく感覚が大事だよ。

カーブではブレーキ厳禁!!

コーナーを安全にスピーディに走るには、コーナーに入る前にしっかり減速しておくことが大切。カーレースでも同じだが、スローイン、ファーストアウトが、もっとも安全で、もっとも速い。

スピードを落とさずコーナーに入ると、大きくふくらんでしまったり、あわててブレーキをかけたりすることになる。コーナーを走る自転車は傾いているので、路面をとらえるグリップ力が弱く、この状態でブレーキをかけるとスリップしやすい。コーナーではブレーキをかけないのが原則だ。

コーナリング中は…
ブレーキはかけない
加速
内側のペダルを上げる

「アウト・イン・アウト」が安定しやすい

急角度に曲がると自転車が不安定になる。アウトコースにふくらんでから、角の頂点で内側に寄せ、再びふくらむコースどりをすると安定する。

コーナーでは自転車を傾けすぎない

体が自転車と一緒に傾くのがベスト。自転車だけ傾けるとスリップの原因になる。また、重心が高いと遠心力で不安定になる。上体を前傾させて重心が低くなるようにしよう。

コーナーを抜けたらスピードを上げる

コーナーを抜けるところからペダルをこぎはじめ、加速する。シフトダウンしてあれば、スムーズに走り出せるはずだ。

　また、コーナーを走っているときは、内側のペダルを上げた状態にしておく。こうしておけば、自転車を傾けても、ペダルが路面に接触する心配がない。
　自転車が傾いた状態でペダルをこぐと不安定になるので、コーナーを抜けるまでは、ペダルをこがないようにする。

基本の走り方
⑤
［ブレーキング］

ブレーキの目的はスピードコントロールと急停止

後ろブレーキをメインに足りない分を前ブレーキで補う

スピードを楽しむためには、ブレーキングの技術を身につける必要がある。ブレーキングは、スピードをコントロールするときにも、自転車を止めるときにも使われる。急停止しなければならないこともある。しっかりしたテクニックを身につけておく必要がある。

基本は、後ろブレーキをメインにして、前ブレーキを補助的に使うこと。走っているときには、前輪より後輪に大きな体重がかかっているので、後輪にブレーキをかけたほうが、安定してスピードを制御できる。前輪はロックすると危険なので、補助的に使うわけだ。

タイヤのロックは事故のもと

急ブレーキをかけて車輪の回転が止まった状態をロックという。前輪がロックすると、後輪が持ち上がり、前につんのめるような状態になる。放り出されることもあるので非常に危険だ。後輪がロックするとスリップし、コーナーを回っているときだと転倒する危険がある。

車輪がロックすると制動力も低下するので、ロックさせないことが大切。そのためには、常にブレーキレバーに指をかけておき、こまめにスピードをコントロールするようにしたい。

advice

前後のブレーキは左右どちらでも装着可

ブレーキレバーは、右が前ブレーキ、左が後ろブレーキのことが多いが、左右どちらにも取り付け可能だ。メインに使う後ろブレーキをきき手側につけるとよいが、違和感がある場合は慣れた位置のほうが安心。

[スピードを落とすとき]

後ろブレーキをメインに使い前ブレーキで補足する

まず使うのは後ろブレーキ。それだけで十分な制動力を得られないときに、前ブレーキを使う。前ブレーキは補助的に使うだけにする。

キュッキュッとこまめに軽く

下り坂などでスピードが出てしまうときは、何度も軽くかけてスピードを制御する。

[急停止するとき]

重心を後方にかけて前後両方のブレーキを使う

急停止が必要なとっさの場合には、両方のブレーキを最大限に使わざるを得ない。そんなときは思い切って体を後ろにずらし、体重を後輪にかけると、前のめりになるのを防げる。

基本の走り方
⑥
[シフトチェンジ]

自分に合ったギアが楽に長く走ることを可能にする

シフトレバーのタイプはいろいろ

シフトレバーには、2本のレバーを使うもの（プッシュ＆プル）、グリップを回すもの（グリップシフト）、ブレーキレバーがシフトレバーを兼ねているもの（デュアルコントロールレバー）などいろいろある。ハンドルから手を離さずに操作できるものがいい。

ギアがたくさんあるのはスピードを出すためではない

自転車に何枚ものギアがあるのは、スピードを出すためではない。ギアは足にかかる負担と、ペダルの回転数を一定にするために使われる。筋肉を疲労させず、長く走るのに必要だからだ。

ビギナーは、とかく重いギアで走ろうとする。しかし、重いギアでグイグイ踏むようなペダリングをしたのでは、すぐに疲れてしまう。足に負担をかけずに、毎分90回転のペダリングができるのが、その人にとって最適のギア。上り坂なら毎分70～80回転がいい。こまめにチェンジして最適のギアで走ろう。

[スムーズなシフトチェンジのコツ]

前のギアは変えずに後ろのギアを動かす

ギアを変えるときは、一気に変えるよりも徐々に軽く（重く）するほうがいい。そのためには、前のギアはそのままにして、後ろのギアを動かすようにする。後ろのギアを使い切ったら前のギアを変えるようにしよう。

上り坂や向かい風のとき

もっとも軽いギア

きつい上り坂などで使う。傾斜がゆるくなるにしたがって、後ろをチェンジしていく。

ちょっと軽めのギア

ゆるやかな上り坂や、向かい風で使う。もう少し重くするなら、前後ともチェンジだ。

ちょっと重めのギア

平坦な場所でゆっくり走ったり、ゆるやかな上りで速く走ったりするならこれ。

下り坂や追い風のとき

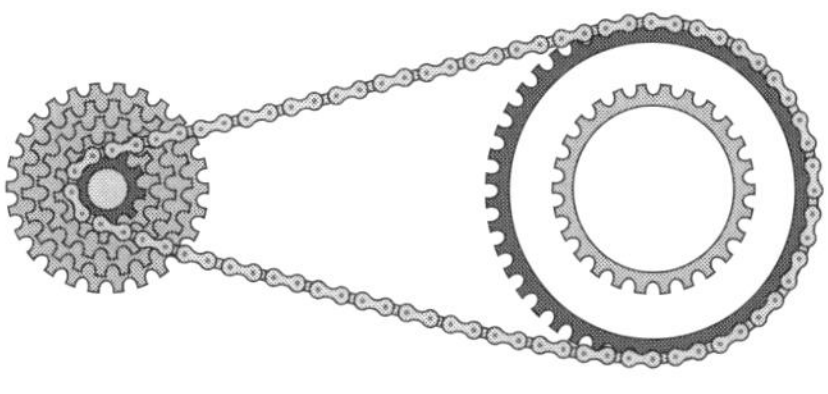

もっとも重いギア

平坦な場所で速く走ったり、下り坂を走ったりするときに使う。

※次にあげる組み合わせは、ギアに負担がかかるので多用しない。前の一番小さいギア＆後ろの一番小さいギア、または前の一番大きいギア＆後ろの一番大きいギア。

走ったあとに

体をほぐしてクーリングダウン。疲労を残さない

advice

汗をふいて、体を冷やさないで

走り終えたあと、汗もふかずに濡れたままでいると、体を急激に冷やして風邪などをひきかねない。とくに寒い季節には、きちんと汗をふき、着替えてからクーリングダウンしよう。室内で行ってもいいだろう。

いきなり止まらない。軽く流して徐々にペースを落とす

走ったあとの疲れを残さないためには、適切なクーリングダウンが欠かせない。すぐに止まってしまうと、筋肉中に乳酸などの疲労物質がたまったままになってしまう。そこで、自転車を降りる前に、ペダルを軽くしてゆっくり走るとよい。筋肉を動かすことでポンプ作用が働き、筋肉にたまった疲労物質を追い出すことができるからだ。

脚だけでなく首、肩、腕も念入りにほぐす

自転車を降りたあとには、入念なストレッチングをしておこう。

自転車でもっとも酷使するのは脚。脚部の筋肉はしっかりストレッチングする必要がある。ただし、疲労している筋肉なので、筋肉繊維を痛めないためにも、無理に引き伸ばしたりしないこと。ゆっくりと伸ばすことが大切だ。

首や肩や腕などにも負担がかかっている。これらの部位のストレッチングも忘れずに行う。筋肉をゆるめるために、リラックスした気分で行おう。

入浴後は血行がよくなっているので、マッサージを行うのに最適。体の末端から心臓に向けてマッサージすることで、筋肉に残っている疲労物質を運び出すことができる。

筋肉をじわーっと伸ばすストレッチング

ゆっくり引き伸ばすのがよい。反動をつけると、反射的に筋肉が収縮してしまうからだ。強さは気持ちよく感じられる程度がベスト。痛みを感じるほど伸ばす必要はない。

point
1. 反動をつけずにゆっくり伸ばす
2. 気持ちいい強さでストップ

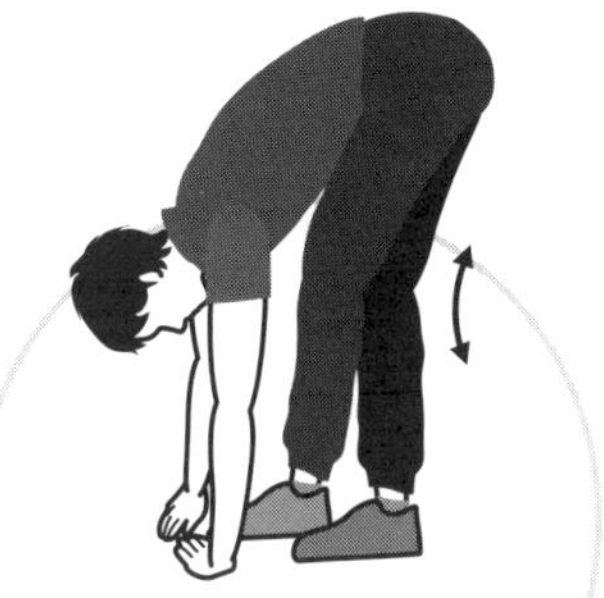

脚の後ろ全体をストレッチ

脚を交差させて立ち、上半身を前屈させていく。後ろ側になった脚の後面と、お尻にかけての筋肉が伸ばされる。交差する脚を変えて反対側も行う。

腕をストレッチ

伸ばした腕を反対側の腕で抱え込むようにし、手前に引きつける。伸ばした腕の上腕の後ろ側の筋肉がストレッチされる。

背中・太ももをストレッチ

あお向けになって腕を床につけ、足をそろえたまま頭上にもっていき、無理のない範囲で脚を伸ばす。背中から腰、さらには太ももの後面の筋肉がストレッチされる。

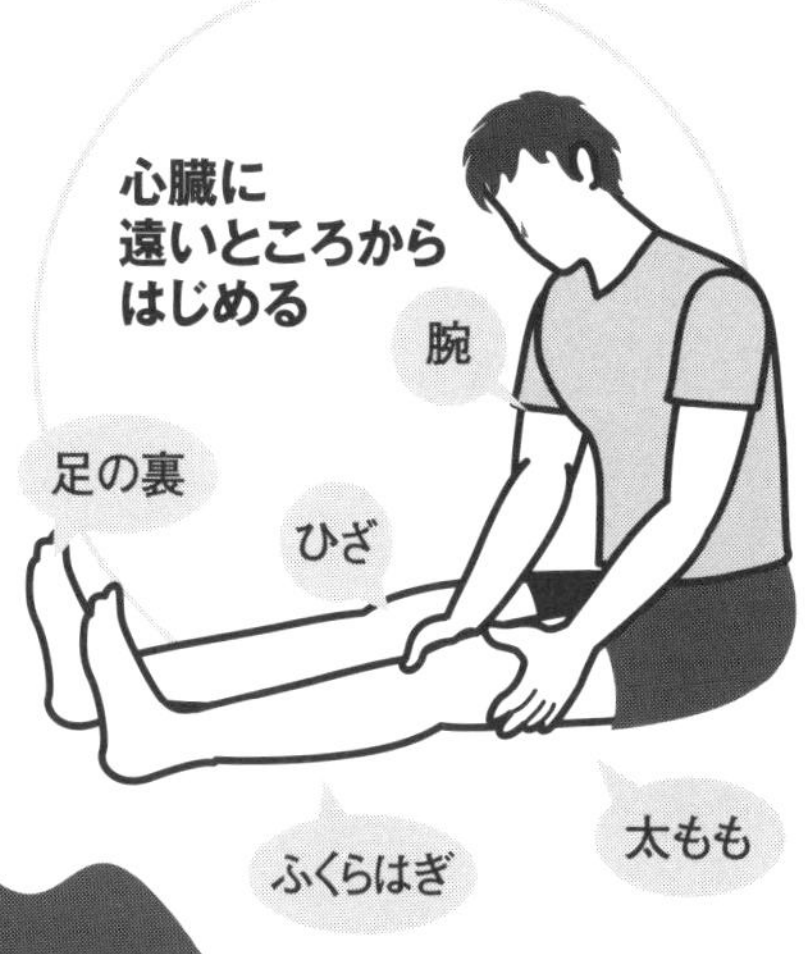
心臓に
遠いところから
はじめる
腕
足の裏
ひざ
ふくらはぎ
太もも

入浴後は疲労回復のためのマッサージ

マッサージはむずかしくない。体の末端側から心臓の方向に向かって、軽くなでるようにすればいいのだ。疲労を感じる部位を入念に行う。効果を高めようとして無理に力を加えると、筋肉を痛める原因になるので注意。

point
1. 手のひらでなでるように
2. 心臓に向かって動かす

Q 少し走っただけで疲れます。疲れにくい走り方は？

A がんばって走ろうと思わない。遅いと思うくらいでちょうどいいよ

自転車で長く走る経験がなければ、すぐ疲れてしまうのは無理もない。これまでほとんど自転車に乗ったことがない人なら、なおさらだ。

たとえ基礎的な体力があったとしても、慣れない運動でムダな力を使い、すぐに疲れてしまうのだ。

まずは、自転車に乗るという運動に慣れることが大切。最初から長く走ろうとは考えず、なるべく自転車に乗る機会を増やすことからはじめるといい。

走り方としては、がんばりすぎないのがコツ。軽めのギアを選び、ペダリングの回転数がなるべく一定になるようにする。ビギナーほど重めのギアを選ぶ傾向があるので注意しよう。

まちがったフォームが体を疲れさせる

自転車に乗っているときのフォームによっても、疲れ方はかなり違う。フォームに欠陥があると、一部の筋肉に負担がかかりすぎたりするからだ。フォームに問題がないかチェックしてみよう。フォームを改善することで、走れる距離がぐんぐん延びるはずだ。

advice

筋肉痛をのりこえるたびに強くなる

長時間走り続けたり、坂道をガンガン走ったりすれば、筋肉痛に見舞われるだろう。でも、痛みが回復するころ、体は一回り強くなっている。これを繰り返すことで、体力の向上を目指すのがトレーニングの基本だね。

[疲れずに走るポイント]

1 ギアを軽くする

ペダルは、大きな抵抗を感じないで回せるようでなくてはダメ。そのためには、軽めのギアを選択する必要がある。ほとんど抵抗を感じないくらいの軽さがいいのだ。

2 一定のペースを守る

走る速度を一定にするのではなく、ペダルの回転数をいつも一定にするのが疲れないコツだ。そのためには、起伏や風を考慮して、こまめにギアをチェンジする。

3 ウォーミングアップをする

ストレッチングなどで筋肉の血流をよくして体を温め、体が運動するための準備を整えてから走り出す。代謝が活発になっていると、乳酸などの疲労物質もできにくい。

Q 一定のペースを保つにはどうすればいいですか？

A ペダルの回転と呼吸のリズムを規則的に

自転車で長い距離を走るときに大切なのは、ギアをこまめにシフトしながら、ペダルの回転数をできるだけ一定に保つことだ。まずは1分間に70回転以上に保つことを目標にする。慣れてきたら、90回転を維持することを目標にしよう。

1分間のペダルの回転数をケイデンスというが、ケイデンス90回転は、長い距離を走り続けるのにもっとも適している。上り坂や向かい風ではギアを軽くし、下り坂や追い風では重いギアに変え、なるべくケイデンスを一定に保つようにしよう。呼吸はペダルの回転に合わせたリズムになる。ケイデンスを一定に保つと呼吸もしやすくなる。

ケイデンス機能を使えば、回転数がひとめでわかる

1分間のペダルの回転数を知るには、15秒間の回転数を数え、4倍する方法がある。しかし、走りながらたびたび数えるのは大変だ。その点、サイクルコンピュータのケイデンス機能を使えば、走りながら、リアルタイムで回転数を知ることができる。一定のペースを守るのに便利な機器だ。

advice

一緒に走るときもマイペースで

ギアの負荷を調整することで、体力の異なる仲間とも、同じスピードで走ることができる。体力があって、早く走れる人が高回転のギアを選べばいいのだ。お互い無理をしないで、ペースを守ることができるんだ。

●サイクルコンピュータ

自転車にとりつけることで、走行距離や時間、速度などを計測し記録できる。ケイデンス機能や心拍計がついているものもある。有線タイプのものとワイヤレスタイプのものがある。

【こんな機能がある】

速度	現在走っている速度、リセットから現在までの平均速度、リセットから今までの最高速度などを測れる。
距離	リセットから現在までの走行距離が測れる。また、メーターを使いはじめてからトータルの積算走行距離もわかる（オールリセットするとゼロになる）。
時間	リセットしてから自転車で走った時間がわかる。
時計	時計やストップウォッチ、さらにアラーム機能がついているものもある。
ケイデンス機能	1分間のクランク（ペダル）の回転数がわかる。一定のペースでペダルをこぐための指標になる。

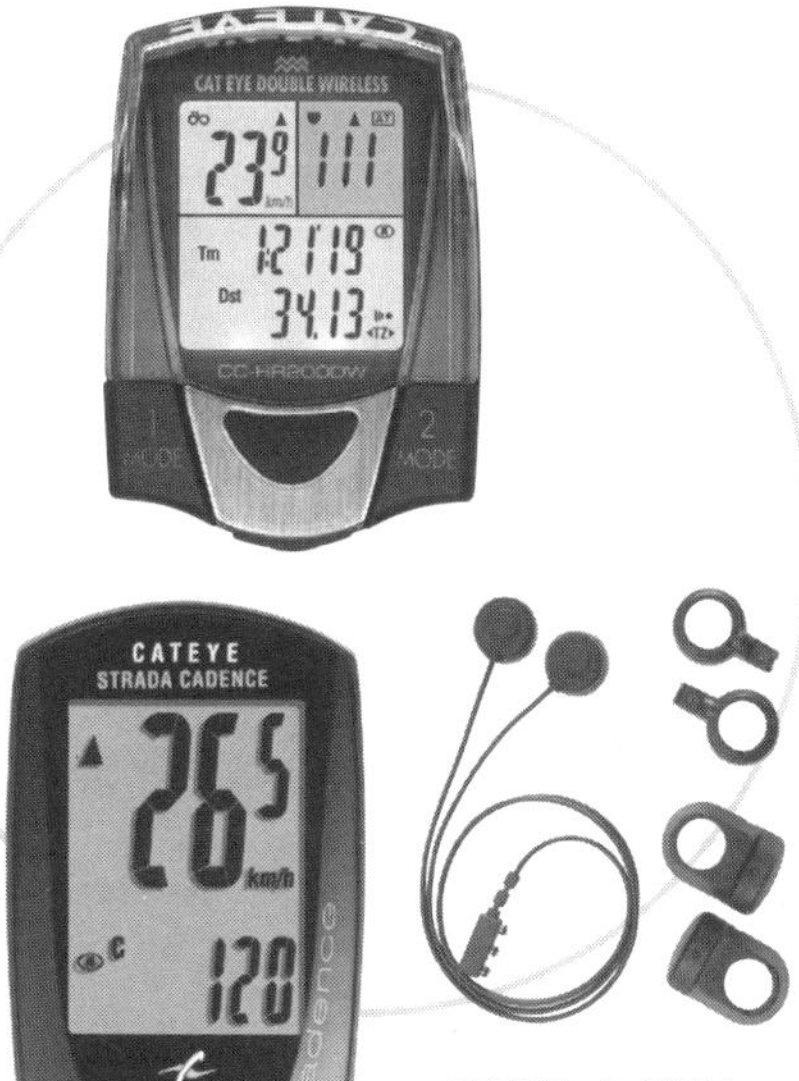

写真提供：株式会社キャットアイ

●ハートレートモニター（心拍計）

上半身につけたセンサーによって、走行中の心拍数が表示される。具体的な運動強度（心拍数）がわかるため、健康管理やトレーニングに役立つ。心拍数の上限と下限を設定しておくと、そこからはずれたときに警告音が鳴るものもある。また、心拍数などのデータをパソコンに転送して保存する機能があるものも。

写真提供：キヤノントレーディング株式会社

Q ペダルは重いほうが運動したなと思えるのですが……

A 疲れない程度の軽いギアで長い時間走ったほうがいい

たしかに重いギアで走ったほうが運動したような気がするかもしれない。しかし、重いギアで走っても、軽いギアで走っても、走る距離が同じなら、基本的に運動量は変わらない。軽いギアにすると、大きな力を発揮しなくてすむが、重いギアのときより回転数が多くなるので、運動量が少なくなるわけではないのだ。

　重いギアで無理して走ると、筋肉に疲労物質の乳酸がたまってくる。当然、筋肉疲労を感じるし、この状態で長く走り続けることはできない。そのため、かえって運動量が少なくなることもある。運

●ペダルが重いと感じないようにする

上り坂はスピードが落ちる前にギアを軽くする

上り坂ではペダルが重くなるので、事前にギアを落とし、上りながら次々とチェンジしていく。ペダルを重くしないことが大切。

向かい風のときもギアを軽めに

風向きを考慮して、自分にとってベストのギアを選択しよう。向かい風ではペダルが重くなるので、風の強さに応じてギアを落とす。逆に追い風なら、重いギアにシフトだ。

下り坂になったら ギアを重くしていく

下り坂になるとペダルが軽くなり、軽いギアだと空回りしてしまう。そうなる前に、次々と重いギアにシフトしていくとよい。

下り坂が終わったら ギアを元にもどす

下り終わってしばらくは慣性で進むが、ペダルが重くなる前に、ギアを軽くする方向にシフトしていき、元の状態にもどす。

動量を増やすことだけ考えれば、重いギアで走るより、軽めの適切なギアで、長く走り続けたほうがいいわけだ。

坂道や風など、走る状況に応じて早めにギアチェンジを

筋肉に乳酸をためないためには、ペダルが重くならないように、坂や風に応じてギアチェンジしていく必要がある。上り坂に差しかかったら、早めに軽いギアへとシフトしていくようにしよう。自転車のスピードは落ちるが、気にしないこと。堂々とゆっくり走ろう。

advice

プロは15秒に1回ペースでギアを変えることも

自分がどのくらいギアチェンジをしているか考えてみよう。ロードレースの選手は、15秒に1回のペースでギアを変えることもある。そこまででなくても、こまめなギアチェンジをしたい。

気になる
Q&A
［走り方］

Q 上りはキツイし、下りは怖い。坂道をスマートに走りきるには?

A 上りは軽いギアでゆっくり進む。下りではこまめにブレーキをかけよう

上り坂の基本は、軽いギアを選択し、なるべくペダルの回転数を維持しながら上ること。スピードが落ちるのはしかたがない。坂の前で少しスピードを上げておき、坂道になったら、ペダルが重くなる前にギアをシフトしていく。フロントギアが複数の場合には、早めに小さいギアに落としておこう。そこから、傾斜に合わせて後ろのギアを選択するとよい。

　フラットペダルの場合には、ペダルが最下点に達したところから、かかとを引き上げるようなペダリングをしてみよう。アンクリングと呼ばれるこのこぎ方をすると、ペダルを引き上げる力も利用することができる。

ペダルを水平に保ち、体重をやや後ろにして下る

下り坂ではこまめにブレーキをかけ、自転車をコントロールできるスピードに抑えるのが基本。スピードが出すぎてから急ブレーキをかけると、車体がコントロールを失いやすい。

　ペダルは水平に保ち、体重をやや後ろにずらす。後ろブレーキがききやすく、前方につんのめる事故も防げるからだ。

advice

クライム・ハイで坂道がやみつきになる

自転車で坂を上るのは過酷だが、「過酷だからこそ楽しい！」と感じる人たちだっている。上り続けていると、クライム・ハイとでも呼ぶべき恍惚感を体験できるのだ。峠を上りきったときの達成感も心地よいものだよ。

上り

ゆるい上り坂は…

サドルに腰をおろした姿勢で、ギアを軽くして上る。スピードは落ちるが、これがもっともエネルギーのムダが少ない走り方だ。

▼

もっと急な上り坂は…

重くなったペダルも、ダンシング（P76参照）で自分の体重を利用すれば、回転させることができる。

▼

それでもきつくなったら、無理にこいで上るより、自転車から降りて押して歩こう。

下り
ブレーキから手を離さない
ペダルは左右水平に

小刻みにブレーキをかける

こまめにブレーキをかけるため、指をブレーキレバーにかけておく。恐怖感で体を硬くしがちだが、ひじやひざを柔らかく保ち、路面からの衝撃を吸収できるようにしておこう。

Q 立ちこぎをしようとするとフラフラしてしまいます

A 体の中心をまっすぐ動かさないで自転車だけ左右に振るといい

ペダリングの方法は、シッティングとダンシング（立ちこぎ）の2つに大きく分けられる。

ダンシングは、サドルに座ったままこぐのがきつい上り坂などで行う。ペダルに自分の体重をかけることができ、大きな力でペダリングできるのだ。

自転車だけ左右に振るダンシングをマスター

ダンシングは、立ちこぎをしながら、自転車を左右に振るテクニック。自転車を振ることで、上半身の力を利用するこ

●シッティング

サドルに座ったまま自転車をこぐのがシッティング。
ペダルをなめらかに回転させるのがコツ。ペダルを真下から上へ引き上げるときは、ペダルに体重をかけない。上り坂でもペダルの回転数をあまり落とさないようにギアチェンジする。

●ダンシング

サドルから腰を浮かせて自転車をこぐのがダンシング。
サドルから真上に腰を上げた姿勢が、体重を生かしてペダルに力を加えやすい。自転車を左右に振ると、上半身の力もペダリングに生かすことができる。

とができ、ペダルにより効率的に力を加えることができる。そのため、シッティングのときより、やや重いギアを選択するのが好ましい。

ダンシングでフラフラするのは、体まで左右に振ってしまうのが原因。

ダンシングを行うときには、自転車だけ左右に振り、体の中心はまっすぐに保つように心がけよう。ペダルの動きに合わせ、自転車を引きつけるようにしながら左右に振ると、体の軸を保つことができる。

●安定したダンシングのコツ

体の中心は動かさない

肩幅の範囲内で、自転車だけを左右に振るようにする。体まで揺れると、フラついてしまって自転車を直進させることができない。

ダンシングも一定ペースで

一般にシッティングのときよりペダルの回転数は少なくなる。一定のリズムをきざめるように、適切なギアを選ぶことが大切だ。

advice

シッティングでまっすぐ走れているかチェックしよう

立ちこぎにかぎらず、自転車でまっすぐ走るのはむずかしい。直進させる感覚をつかむには、ライトをつけて、路面を照らす光が左右に揺れないように走る練習をするといいよ。

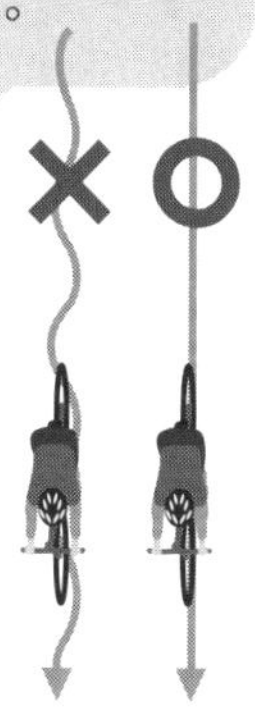

気になるQ&A［走り方］

Q ドロップハンドルの握り方にはどんな方法がありますか？

A 楽な握り方でいい。まずは基本の3パターンを

ドロップハンドルの基本的な握り方は、ブラケットポジション、フラットポジション、下ハンドルポジションの3通り（上図参照）。この3つを、走っているときのスピード、上り坂や下り坂、周囲の状況などに応じて使い分ける。

握り方を変えることで姿勢を変えられるのが、ドロップハンドルのいいところだ。そのため、長い時間乗っていても疲れにくい。まずは基本の3つを試してみよう。状況が変わるにつれて握り方を変え、もっとも楽に感じられる握り方にすればいいだろう。

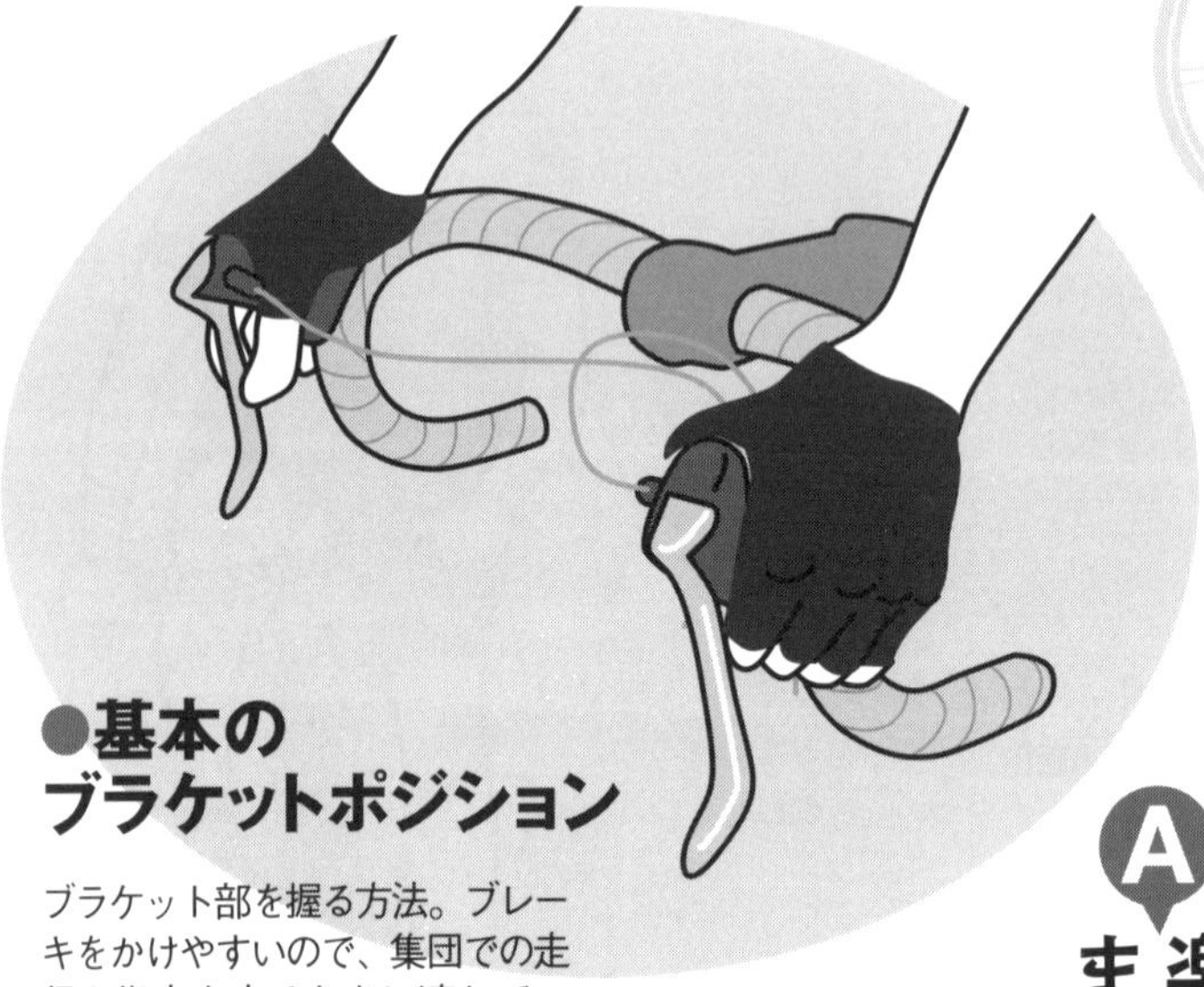

●基本のブラケットポジション

ブラケット部を握る方法。ブレーキをかけやすいので、集団での走行や街中を走るときに適している。上りでのダンシング（P76参照）など、上体の筋力を使った走りにも使われる。

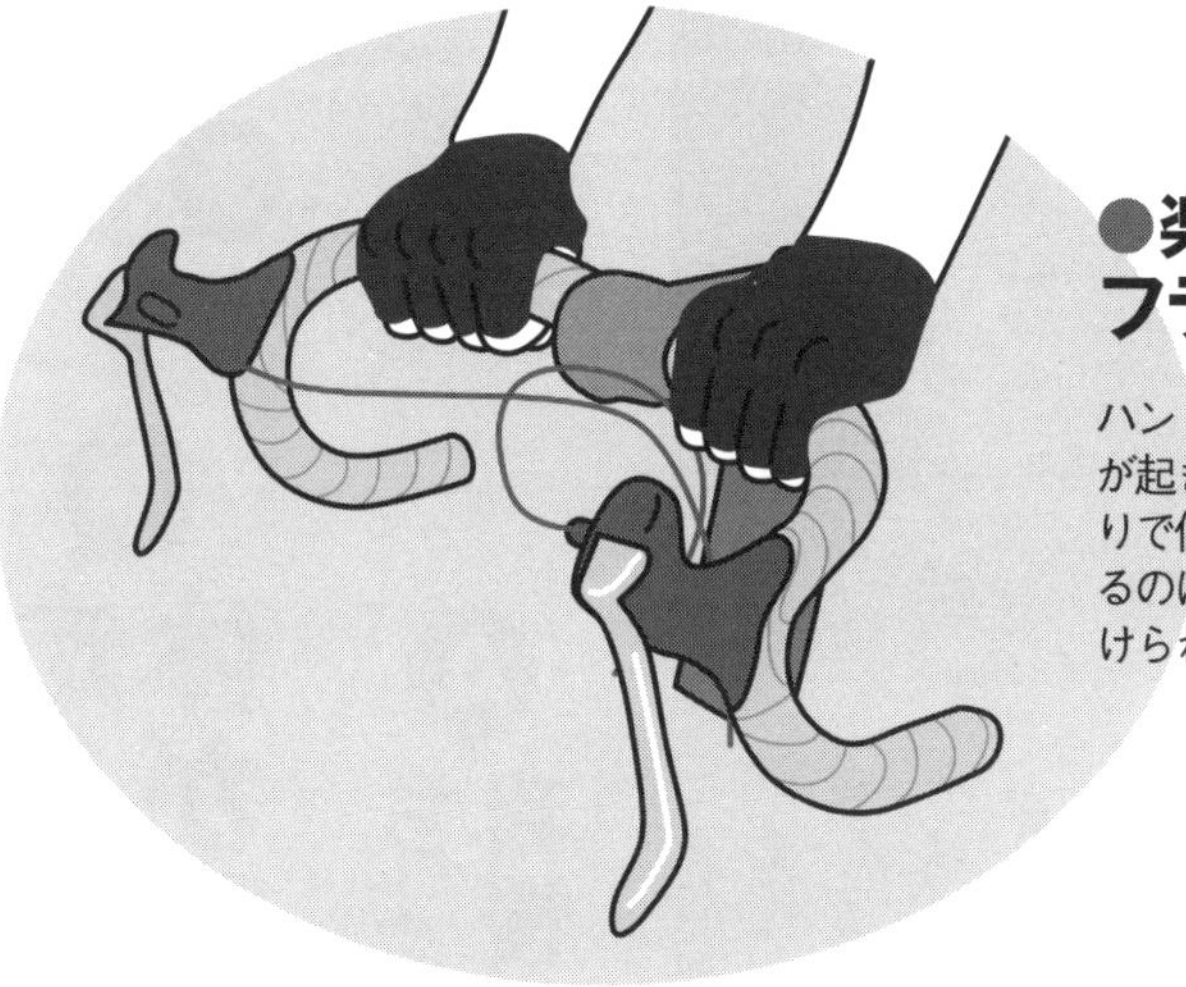

●楽に走れるフラットポジション

ハンドルの上部を握る方法。上体が起きて呼吸が楽なので、長い上りで使われる。低速でのんびり走るのにも最適。ブレーキに手をかけられないので注意する。

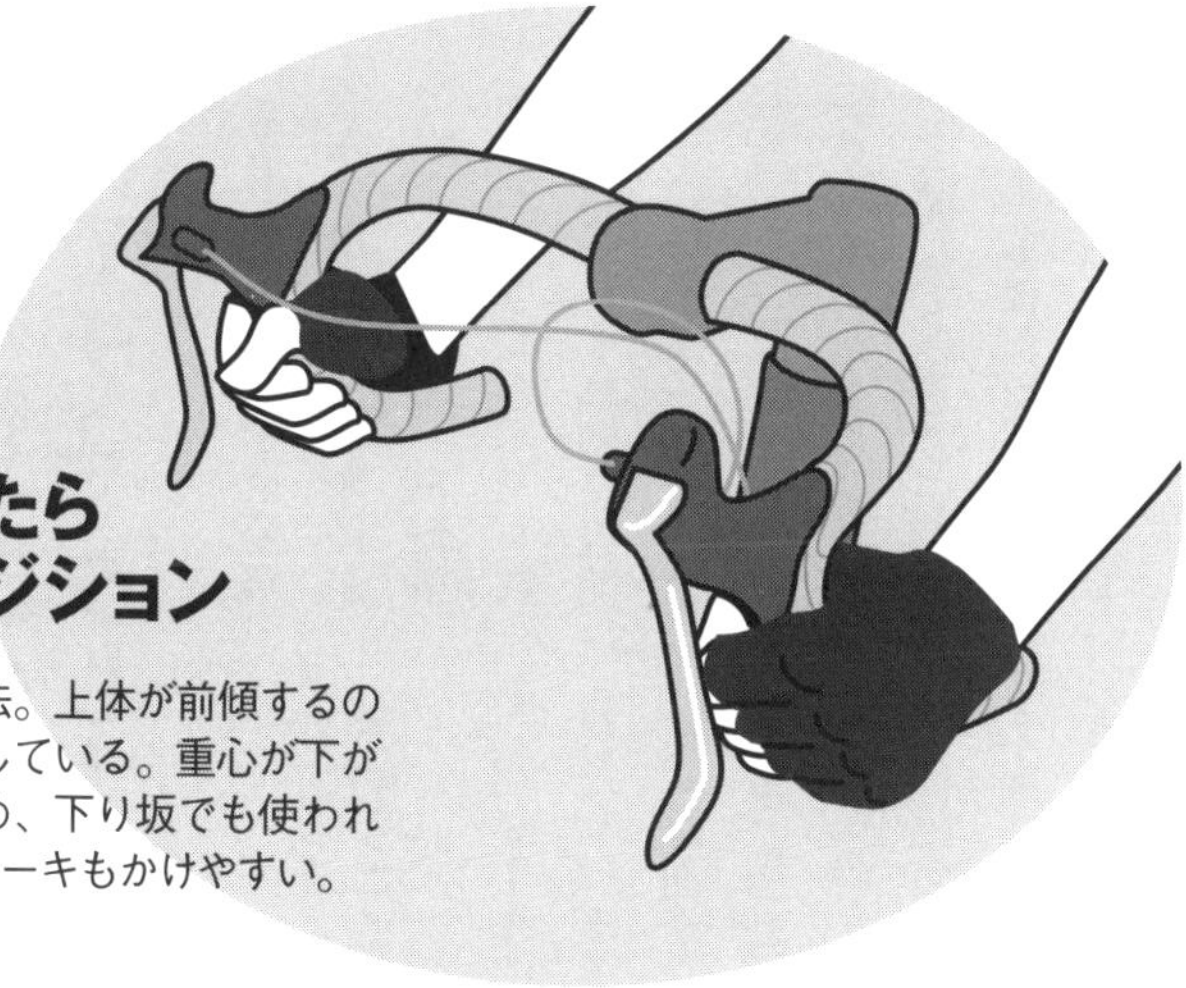

●本気になったら下ハンドルポジション

ハンドル下部を握る方法。上体が前傾するので、高速での走りに適している。重心が下がり、空気抵抗が減るため、下り坂でも使われる。操縦性はよく、ブレーキもかけやすい。

advice

補助ブレーキでさらに自由な握り方ができる

ブレーキから手が離れるフラットポジションで走ることが多いなら、上ハンドルに補助ブレーキをつけるのもひとつの方法だ。フラットポジションのままブレーキがかけられるので、混雑した道や坂道でも安心だ。

気になる
Q&A
［体の痛み］

Q 走っているときや走行後に体が痛くなります

A ちょっとした調整、工夫で痛みは消える。我慢しないでチェックしよう

体に痛みが出る場合には、乗車姿勢が適切でなく、痛みの出る部位に無理がかかっていることが考えられる。自転車では、体をサドルとハンドルとペダルに固定して動かすため、それぞれの位置関係によって、どこかに負担が生じることは十分に考えられる。

まずは自分の姿勢をチェックし、必要に応じて自転車を調節してみるといいだろう。サドルの高さや前後位置、ドロップハンドルなら、ハンドルの角度やブレーキレバーの位置など、乗車姿勢に関わってくるポイントが多い。

かならずしも乗車姿勢が原因とはかぎらない

ブレーキの効きが悪いために手首が疲れたり、タイヤの空気圧が高すぎるために、路面からの振動で腕が疲れることもある。痛む部位によって、何を調整すればよいのか推測することは可能だ。

体に痛みが出たとき、慣れればそのうち痛まなくなるだろう、とは考えないほうがよい。ほとんどの場合、原因があって痛んでいるのだから、原因を取り除くための調整を行うようにしよう。

腕

初心者のうちから無理な前傾姿勢をとると腕が痛くなりがちだ。肩の力を抜いて走れる楽な姿勢をとりたい。走り込んで筋肉がついてくれば、自然に前傾姿勢になってくる。

【ココをチェック】

- 姿勢がよくない➡ P54へ
- 事前のストレッチ不足➡ P52へ
- タイヤの空気が不十分➡ P108へ
- ハンドルポジションが悪い➡ P41へ
- バーエンドバーをつける➡ P169へ

手

ハンドルのセッティング状態やグリップの握りやすさを変えるだけで、快適さは大きく変わる。

【ココをチェック】

- 握り方が悪い➡ P54へ
- ハンドルポジションが悪い➡ P41へ
- ブレーキレバーの位置が悪い➡ P41へ
- シフトレバーが硬い➡ショップへ
- グリップをかえる➡ P169へ
- グローブをつける➡ P170へ

背中・腰

前傾姿勢は、お腹にボールを抱えているような感じで背中を軽く丸めるのがいい。そのときに腹筋で上半身を支えることを意識すると腕や背中の負担が軽減できる。

【ココをチェック】

- 姿勢がよくない ➡ P54へ
- ハンドル位置が遠い(近い) ➡ P41へ
- サドルの位置が悪い ➡ P41へ

advice

体の声にきちんと耳を傾けよう

自転車のエンジンは自分自身だ。体調が悪かったら思うようには走れない。痛みのほかにも、疲れたら休む、のどが渇いたら水を飲むなど、体が発するサインを見逃さずに対応したい。

ひざ

ひざの関節や筋肉が痛むのはペダリングが楽にできていないということだ。サドルの位置を変えたり、適切な負荷のギアを使うようにすることが大切。

【ココをチェック】

- サドルの高さが合わない ➡ P41へ
- サドルの前後位置が合わない ➡ P41へ
- ギアが重すぎる ➡ P64、72へ
- ペダリングのしかた ➡ P58へ
- ウォーミングアップ不足 ➡ P52へ

お尻

「お尻が痛い」というのは多くのサイクリストが通過する悩みだ。サドルとお尻の相性もあるが、まずは、ポジションや姿勢などを調整したい。それでも痛みがあるときは、サドルの交換も考えてみよう。

【ココをチェック】

- サドルの高さが合わない ➡ P41へ
- サドルの前後位置が合わない ➡ P41へ
- サドルが硬すぎる(柔らかすぎる) ➡ P164へ
- サドルの形が合わない ➡ P164へ
- たまに立ちこぎする ➡ P76へ
- レーサーパンツを使う ➡ P171へ
- 股ズレ防止のクリームを塗る ➡ P164へ

ふくらはぎ

急に筋肉を酷使すると疲れや痛みが出やすい。ストレッチ→軽いギア→適切なギア→軽いギアで流す→ストレッチ、で終えるといい。けいれんを防ぐために水分を十分にとることも大切だ(P152参照)。

【ココをチェック】

- 事前のストレッチ不足 ➡ P52へ
- ギアが重すぎる ➡ P64、72へ
- ペダルをかえる ➡ P166へ

首

せっかく前傾姿勢を描いても、首だけ上にあげた状態では疲れがたまる一方だ。あごを引いて、若干上目遣いで前方を見るようにしたい。重い荷物を肩に斜め掛けすると首にも負担がかかるので、工夫が必要だ。

【ココをチェック】

- **姿勢がよくない ➡ P54へ**
- **ハンドルポジションが悪い ➡ P41へ**
- **事前のストレッチ不足 ➡ P52へ**
- **ヘルメットが重すぎる ➡ P170へ**

お腹

ポッコリお腹が邪魔をして、前傾姿勢をとると苦しい場合、まずは、無理のない姿勢で走り込むことだ。お腹がすっきりするにつれて姿勢も変わってくる。

【ココをチェック】

- **姿勢がよくない ➡ P54へ**
- **ハンドルポジションが悪い ➡ P41へ**

足

シューズが足に合っていないと、走りにくく痛みも出やすい。ハイカットのシューズは足首の動きを制限してしまうのでよくない。快適さを求めるなら、自転車専用のシューズを用意するのも一法だ。

【ココをチェック】

- **サドルの高さが合わない ➡ P41へ**
- **サドルの前後位置が合わない ➡ P41へ**
- **シューズがよくない ➡ P47へ**

気になる
Q&A
［健康］

Q 運動不足解消と健康のために乗ろうと思うのですが？

A 適度なペースを守るために心拍計をつけて走るといいよ

自転車は運動不足の解消に最適のスポーツといえる。休みなくペダリングするため、運動量はかなり多くなるからだ。運動強度はランニングや水泳より低く、一定時間当たりの消費エネルギーではかなわないが、自転車は初心者でも長時間続けることができる。そのため、ランニングや水泳より、結果的に多くのエネルギーを消費しやすいのだ。

また、サドルやハンドルでも体重を支えるため、ランニングのようにひざに大きな負担がかかることがない。太った人には、大きなメリットといえるだろう。

●鼻歌が歌えるペースで走ろう

まずは60%の運動強度から

一般に、成人の最大心拍数は「220－年齢」（簡易式の場合。算出法はいろいろある）。鼻歌ペースの運動強度は30歳なら「（220－30）×60%＝114」。だが、平時の心拍数や目標強度はひとりひとり違う。まずは、114以下の心拍数で走って、様子を見ながら強度を調整するといい。

●サイクリングのメリット

関節への負担が少ない

体重を分散して支え、なめらかにペダルを回すのが自転車の特徴。関節に体重がかかったり、着地などによる衝撃が加わったりしないので、関節への負担が少なくてすむ。

初心者でも長い時間続けられる

有酸素運動の代表である水泳やランニングは、初心者のうちはなかなか長く続けられない。しかし、自転車は自在に運動強度を落とせるので、初心者でも長時間続けられる。

●ゆっくりでいいから長く走る

point 1 こまめに水分をとる

point 2 ウォーミングアップとクーリングダウンをする

point 3 楽なペース、楽な姿勢で無理をしない

全身を使った有酸素運動。心にもよい

自転車は自分で運動強度をコントロールできるので、健康に役立つ有酸素運動の強度で走ることができる。目安は、息切れせず、話をしながら走れる程度のペースだ。息が切れるようなら無酸素運動になっている証拠。これでは乳酸が筋肉にたまり、長く走ることはできない。

最適の強度で走るには、走行中の心拍数がリアルタイムでわかる心拍計がおすすめだ。胸にセンサーのついたベルトを巻き、腕のウォッチに心拍数が表示されるタイプが一般的（71ページ参照）。

心拍数が上がりすぎる場合には、運動強度を落とすために、軽いギアへとチェンジすればよい。

また、走って気持ちよいのも、健康に対するよい影響だ。自転車で走る爽快感は、ストレスの解消に役立ってくれる。

気になる
Q&A
［健康］

Q 自転車に乗っていると足が太くなりませんか？

A 普通に乗るだけなら足も体も引き締まってくる

自転車と足の太さを結びつけるのは、競輪選手の太い大腿部をイメージするからだろう。しかし、あの筋肉は、瞬間的に大きなパワーを発揮するトレーニングと、男性ホルモンがもたらしたものだ。

普通に自転車に乗っているだけでは筋肉は肥大しない。とくに女性の筋肉を太くするのは非常にむずかしい。

むしろ、自転車に乗っていると、皮下脂肪が減り、筋肉にも適度な張りが出て、引き締まってくる。太ももの裏側やふくらはぎも使う正しいペダリングは、形のよい足をつくるのにも役立つのだ。

●回転運動が足首を引き締める

自転車を効率よくこぐには、ペダルを踏むのではなく、回すようにする。そうすると、ペダルを下側から後方へ引き上げるときに、足が自然とペダルをかきあげるような状態になる。ふくらはぎの筋肉が使われ、足首を引き締めるのに効果的だ。

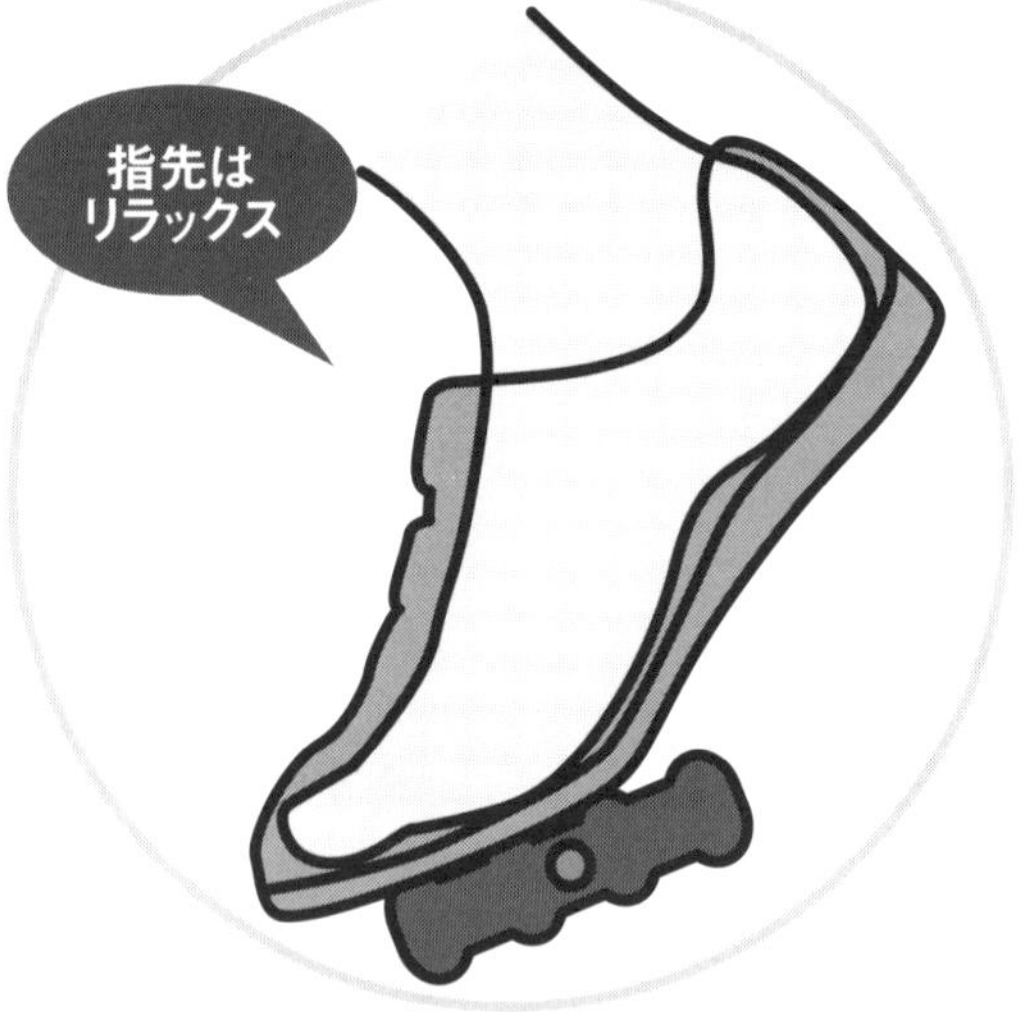

●全身の筋肉が使われている

上腕二頭筋

上腕の前面にある筋肉。スタート時や加速する際、ハンドルを引きつけるときに使う。

僧帽筋

首から肩にかけて、肩甲骨と脊柱をつなぐ。前傾姿勢のときに頭部を支えている筋肉。

広背筋

脊柱と骨盤後部から上腕骨をつなぐ。ハンドルのキープ、ダンシング時によく使う筋肉。

上腕三頭筋

上腕の後面にある筋肉。自転車に乗っているとき、上体を支えている。

腸腰筋

腹部の奥にある。大腿部を引き上げるときに使う筋肉。

腹直筋

腹部の前面にあり、肋骨と恥骨をつなぐ。姿勢を支える筋肉。

内転筋群（ももの内側）

内股にある筋肉。ペダルを回す動きによって大腿部の内側をスリムにできる。

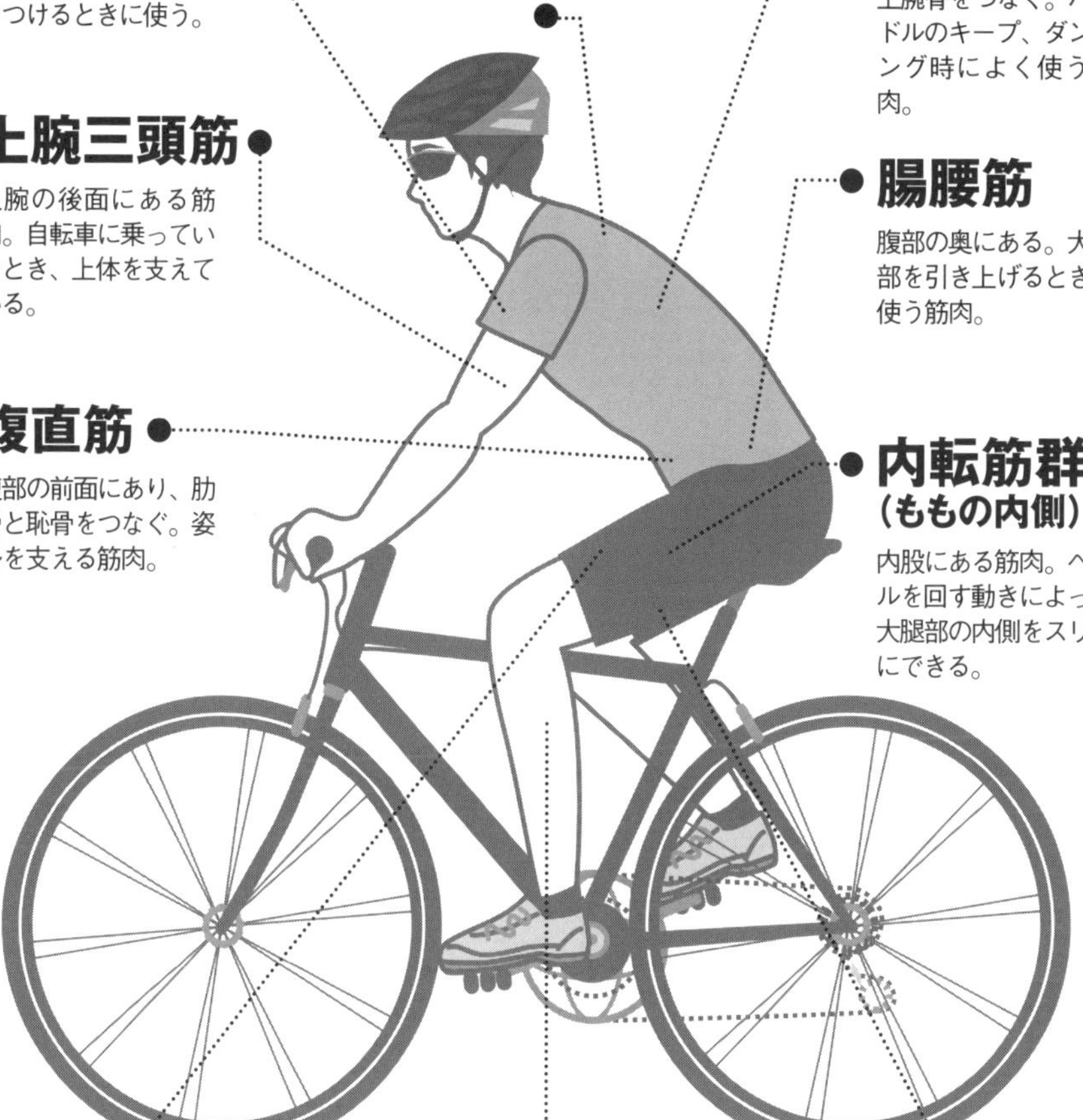

大腿四頭筋（ももの前側）

大腿部表側の筋肉の総称。ペダルを踏み込むときが出番。サドルが低いと疲労が増す。

下腿三頭筋（ふくらはぎ）

ふくらはぎにあるヒラメ筋など。かかとを上げ下げするときに使う筋肉。

ハムストリングス（ももの裏）

大腿部の裏側にある筋肉の総称。ペダルを引き上げるときの主力になる。

気になる
Q&A
［走るときの注意］

Q 暑い日や寒い日どんな注意が必要ですか？

A 気温に合わせてウエアをかえる。体調を崩さないように無理をしないで

まず大切なのは、暑さや寒さに適した服装を選ぶこと。サイクリング用のウエアには、さまざまな気候に合わせたものがそろっている。体にぴったりフィットするデザインなので、最初は抵抗感があるかもしれないが、風にバタつくこともなく快適に走ることができる。

暑いときには、体の熱を逃がす服装がいい。綿のTシャツは汗をよく吸うが、乾かず皮膚に張り付くのが欠点。速乾性の新素材を使ったウエアが、気化熱を奪ってくれるので涼しくて快適だ。

暑いときには給水にも注意したい。脱水症状を防ぐには、のどが渇く前から、こまめに飲むことが大切だ。

走り出して、体が温まってからのことも考える

寒いときには保温性を重視。汗をかくので、綿のアンダーウエアは避けたほうがいい。汗で濡れて体を冷やす原因になるからだ。速乾性があり、皮膚との間に水分をためこまない新素材のものがいいだろう。その上に、保温性の高いウエアを重ね、外側に風をさえぎるウインドブレーカーを着て防寒する。

こまめに
水を飲む
日焼け止め
を塗る

暑いとき

水分は かならずとる

多量の汗で失われる水分を補給する必要がある。夏ならボトルを携行し、20分に1回程度の給水を励行する。スポーツドリンクなら汗で失われるミネラルも補給できる。

耳あてを
する
手袋を
する
肌を
出さない

寒いとき

薄手のものを重ね着して 体の末端を冷やさない

重ね着していれば、着脱することで温度調節することが可能。自転車で風を切ると非常に寒いので、手袋や耳あては欠かせない。つま先の寒さを防ぐシューズカバーもある。

気になる
Q&A
［走るときの注意］

Q 雨が降っていても乗りたいのですが？

A 無理して走らないほうがいい。走るなら、スピードを落としてゆっくりと

●雨の日の注意

- ！スピードを出さない
- ！急ハンドル・急ブレーキをしない
- ！すべりやすいところに注意する

【スリップしやすいポイント】

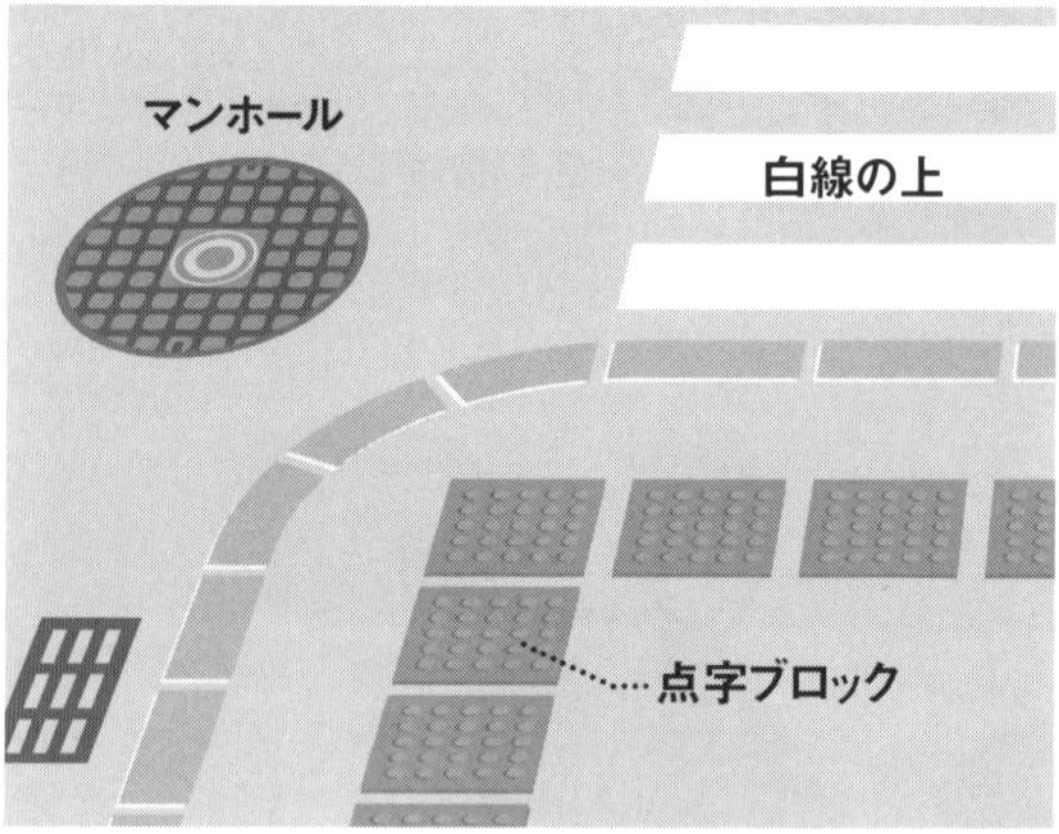

雨の日には、走らないほうがいい。スポーツが目的ならなおさらだ。どうしても走りたいならば、事故を起こさないように注意しよう。

リムが濡れているとブレーキが効きにくいし、タイヤのグリップ性能も落ちるためスリップしやすくなる。安全に走るためには、スピードを出さないことが大切だ。

自分のためにも周囲のためにも安全を心がけよう

また、自分の存在をアピールするため、

傘はNG

片手で傘をさしながらの走行は法律違反。自分も周囲の人も危険。絶対にしない。

レインジャケット

携帯しやすいレインウエアをかばんに入れておくと安心だ。寒いときに羽織ることもできる。

泥よけをつける

雨の日や、路面が濡れているときは、自転車にゴムバンドなどで簡単に着脱できるタイプの泥よけをつけるとよい。

レイングローブ

防風、防水性が高く、雨の日や寒い時期におすすめ。手のひら部分はすべりにくくなっている。

シューズカバー

シューズの上にかぶせることで、足先が濡れてしまうのを防ぐことができる。

ライトをつける

雨の日は視界も悪くなる。昼間でもライトをつけたほうがよい。防水機能があるタイプを選ぼう。

ライトも点灯したほうがいいだろう。防水性のあるウエアも必要になる。夏でも濡れたまま走っていると、体が冷えすぎてしまうからだ。

傘をさすのはもちろんダメ。危険だし道路交通法違反でもある。

advice

自転車についた雨はきっちりふき取っておく

雨のなかを走ったあとは、きちんとメンテナンスしておく。濡れたままで放置しておいたら、かならずさびてくるものだ。
乾いた布で水分をきれいにふき取り、チェーンには注油。変速機のまわりなどに砂粒がついていることもあるので、しっかりふき取っておこう。最後に、おかしなところがないか点検しておけば完璧だな。

気になるQ&A［走るときの注意］

Q 走る時間が夜になってしまいます。注意するポイントは？

A 目立つように心がけて交通事故に注意する

夜間走行で大切なのは、ドライバーや歩行者に対し、自転車に乗っている自分の存在を目立たせることだ。それが安全につながる。

ライトをつけるのは、路面を照らし出すためだけでなく、周囲へのアピール手段でもあるのだ。

ライトは10ｍ先が見える照度が必要である。さらに点滅式のライトを併用すれば、自分の存在をアピールできる。

また、後方に向けた赤色のライト、または赤かオレンジ色のリフレクター（反射材）も忘れずにつけるようにしよう。

車体だけでなく自分自身も明るく目立つ

衣類になるべくたくさん反射材をつけておくのもいい。ペダルや靴のかかとなど、動く部分につけておくとよく目立つ。

さらに、白や黄色など、夜間でも目立つ色の服装を心がけたい。黒やグレーの服装に比べると、車のライトに照らされたときの目立ち方がまるで違う。

ただ、朝か夜に乗るのなら、断然朝のほうがおすすめだ。自転車にとって、夜間は危険な時間帯なのだ。

advice

自分と相手のために無灯火走行は厳禁！

街灯などで道路が見えるからといって、ライトをつけないのはとても危険だ。こちらから車が見えていても、ドライバーが自転車に気づいているとはかぎらないからね。そもそも、夜間の無灯火走行は道路交通法違反だよ。

明るい服装を
心がける
空いている
道を走る
リフレクターを
つける
足元に
注意する

●前灯は白、尾灯は赤のライトをつける

ライトを装備するとき、前方（フロント）は白色、後方（リア）は赤色が原則だ。これを逆にしてしまうと、自動車や歩行者からは、自転車の進行方向が逆に見えるので要注意だ。

CAT EYE
前灯
CATEYE
尾灯

写真提供：株式会社キャットアイ

気になる
Q&A
［走るときの注意］

Q 車の排気ガスを避けるにはどうしたらよいでしょうか？

A 工夫次第で軽減できる。できることからはじめよう

街中の道路や、トラックなどが行きかう幹線道路を走るとき、排気ガスに苦しめられることがある。このような道路をどうしても走らなければいけないなら、早朝に走るようにする。

一般的に、朝は排気ガスが少ない時間帯なのだ。とくに休日の早朝は仕事の車が減る。一週間でもっとも空気がきれいなことが多い。

交通量の多い道路を走るときには、マスクなどで自己防衛することも考えたい。また、トラックやバスと並走しないように注意するといいだろう。

［気分よく走るためのポイント］

早朝に走る

排気ガスが多いのは夜。ところが、深夜に交通量が激減するため、朝の通勤渋滞がはじまるまでの早朝は、一日でもっとも排気ガスが少ない時間帯になっている。

朝 出勤ラッシュ前なら空気が比較的澄んでいる

昼 交通量が多く、排気ガスも多い

夜 地域によっては交通量も排気ガスも多い

マスクやバンダナでガードする

排気ガスのなかを走るときには、マスクやバンダナで、鼻と口をガードしよう。息苦しさは感じるだろうが、排気ガスを直接吸い込まなくてすむので気分的には楽だ。

息を止めて過ぎるのを待つ

トラックやバスと並走しないのが基本。こうした大型車両に抜かれるときは、スピードを落とし、息を止めてやり過ごすようにするとよい。車が走りさってから走ろう。

大通りを避けて走る

交通量が多く、街路樹もないような道路は、空気が悪いのでできるだけ避ける。とくに国道のバイパスなど、トラックが列を成しているような道路は最悪だ。

advice

大通りと裏通り、どっちが安全？

排気ガスだけのことを考えれば、大通りを避け、裏通りを走るほうがいい。しかし、裏通りには意外な危険があることも、知っておいてほしい。道幅が狭く、見通しが悪い裏通りでは、車や人が横道から飛び出してくることがあるのだ。車道の幅が十分あり、幅寄せされたりすることがないのであれば、大通りのほうが安全に走ることができる。

自転車は「車両」。走る場所は車道の左側が基本だ

車と同じ、交通ルールはしっかり守る

自転車は歩道を走るものだと思っている人が多い。自転車には自動車のような免許制度がないため、そんな誤解が生まれるのだろう。道路交通法では、自転車は立派な車両としてあつかわれる。走るのは、もちろん車道の左側だ。

歩道のない道路で左側に白線が引かれている場合、ラインの左側を路側帯という。ここは歩行者のためのエリアだが、自転車も走ることができる。ただし、歩行者には十分注意を払おう。

自転車が歩道を走れるのは、「自転車通行可」の標識があるところ。この場合も、「歩道を走らなければならない」のではなく、「歩道を走ってもいい」というだけ。優先されるのは歩行者で、自転車は徐行しなくてはならない。

「飲んだら乗るな、乗るなら飲むな」

飲酒運転が禁止されているのは、自動車も自転車も一緒。自分だけでなく周囲に危害を与える危険があるので当然だ。違反すれば処罰されることになる。

夜間の無灯火運転や、二人乗りも法律で禁止されている。雨の日の傘さし運転、メールをうちながらの片手運転も違反だ。意外なところでは、2台以上が並んで走ることも禁止されている。

advice

後ろに乗る子どもにもヘルメットを

子どもを補助いすに乗せるときには、子どもにもヘルメットをかぶらせよう。転倒したとき、運転している大人より、子どものほうが頭を打つ可能性がはるかに高いからだ。命を落とさないための防衛策である。

覚えておきたい道路標識

自転車及び
歩行者専用

自転車通行止め

自転車専用

並進可

こんな走り方は違法!

白線が2本ある路側帯は走れない

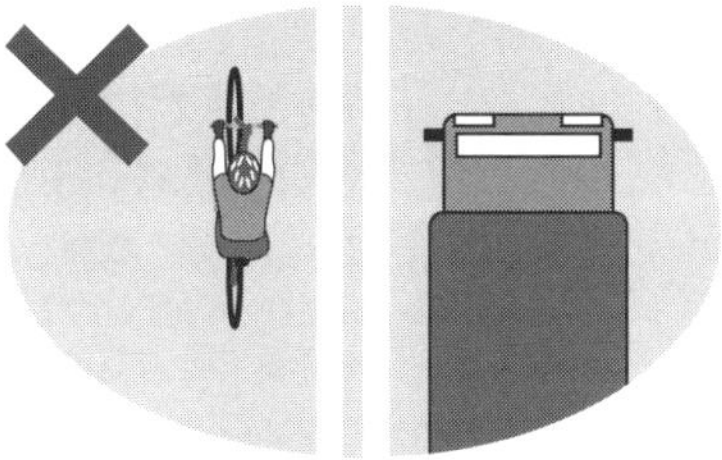

白線2本はNG

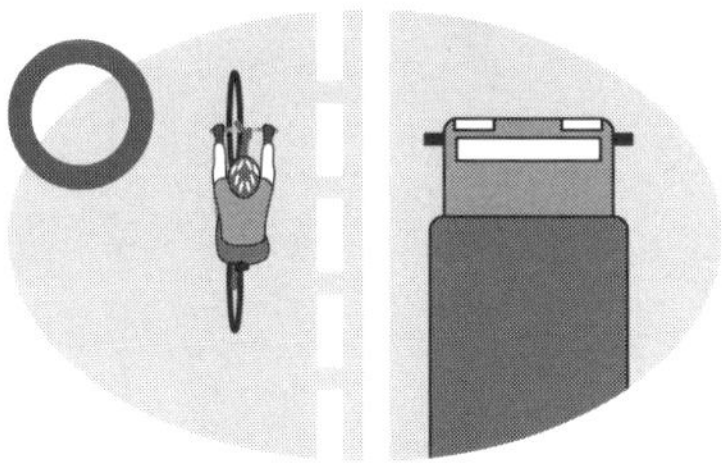

白線＋点線はOK

白線1本はOK

Q 安全に車道を走るにはどこに気をつければいいですか？

A 視野を広くもって危険を予測して走る

自転車は車道を走るのが基本だが、交通量の多い道路は、怖いものだ。車道を安全に走るためには、視野を広くもって、周囲の状況をきちんと把握することが大切。後方を振り向いて車の動きを確認することも必要になる。

どんな危険が起こりえるかを予測し、回避しながら走るようにするのだ。

信号は、歩行者用（「歩行者・自転車専用」の信号は除く）ではなく、自動車用に従う。

自信がつくまでは、歩道を徐行することをおすすめする。

駐車中の車の横を通るときは1m以上離れる

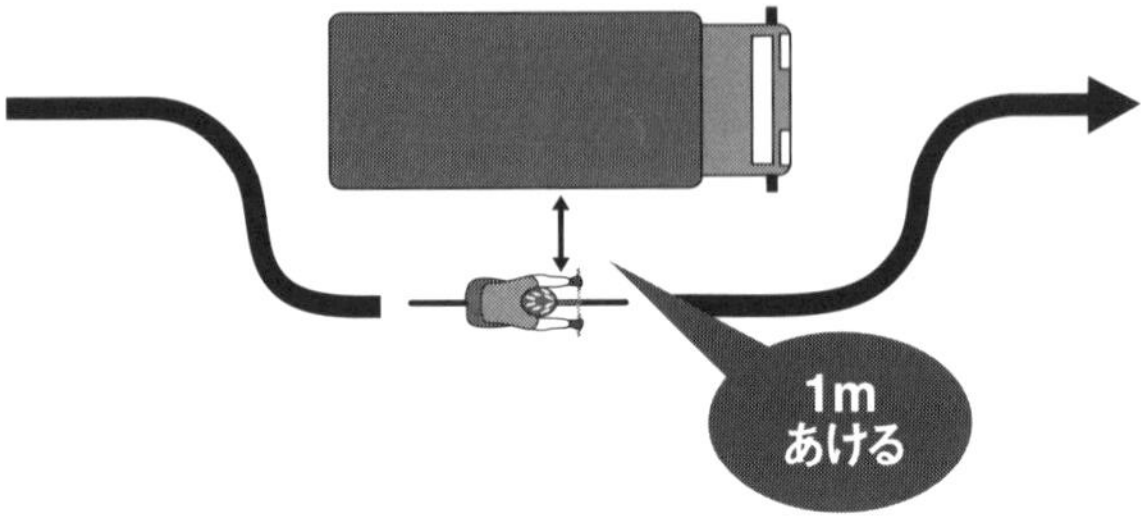

狭い道では飛び出しに注意

狭い道では、見通しの悪い横道からの飛び出しに注意が必要。車の交通量が少ないからといって、スピードを上げるのは危険だ。

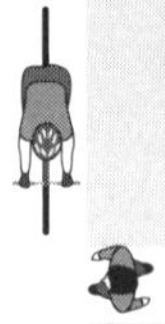

交差点を右折するときは二段階右折を

交差点を車のように右折するには、車道の右側に寄らなくてはならず、それだけでかなり危険。二段階右折が義務づけられている。

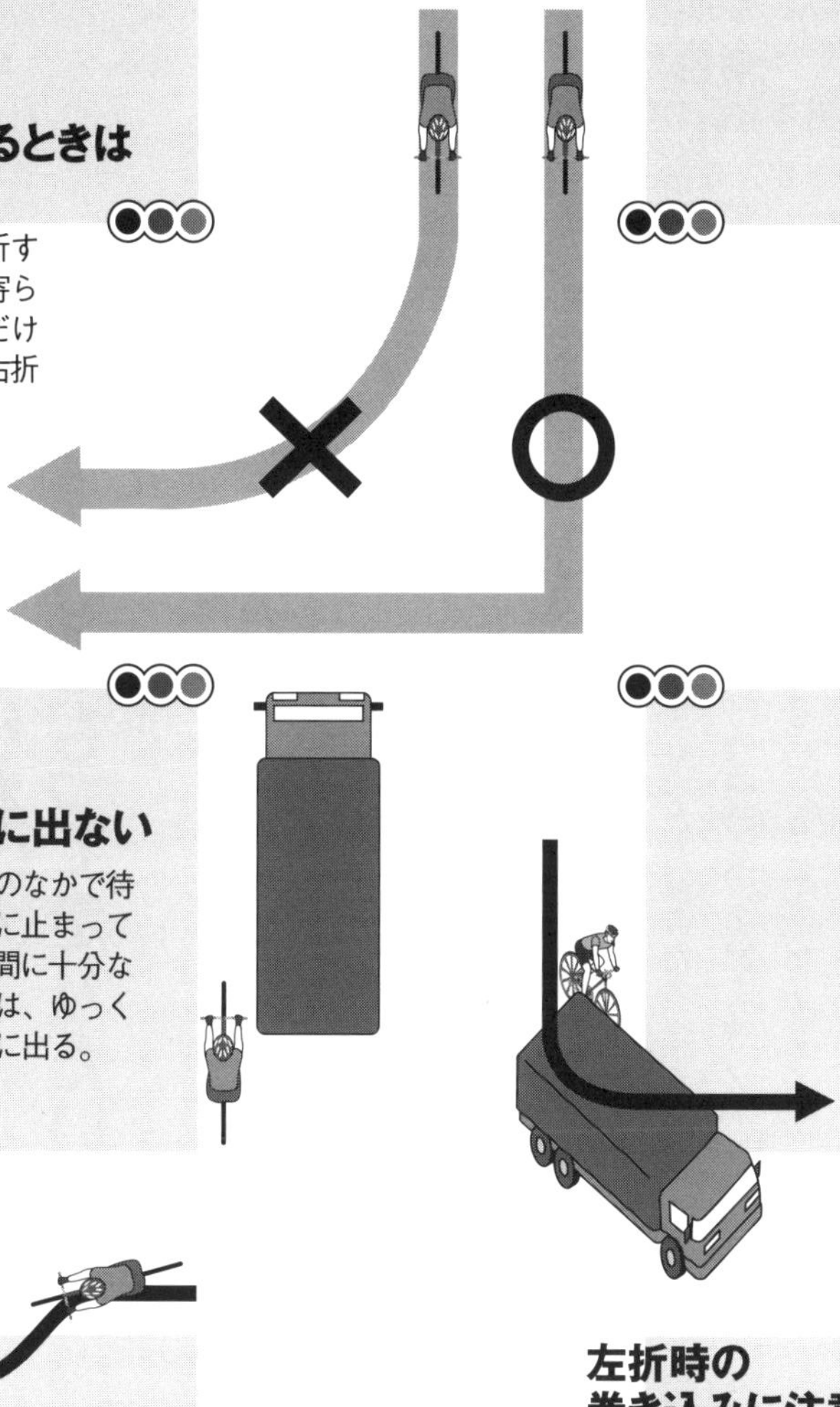

信号待ちで無理やり前に出ない

信号待ちは車列のなかで待つのが基本。前に止まっている車と歩道の間に十分な間隔がある場合は、ゆっくりと左側から前に出る。

左折時の巻き込みに注意

車からは左後方が死角になる。死角に入ったまま左折しないこと。車の前に出るか、車１台分以上後ろを走るようにする。

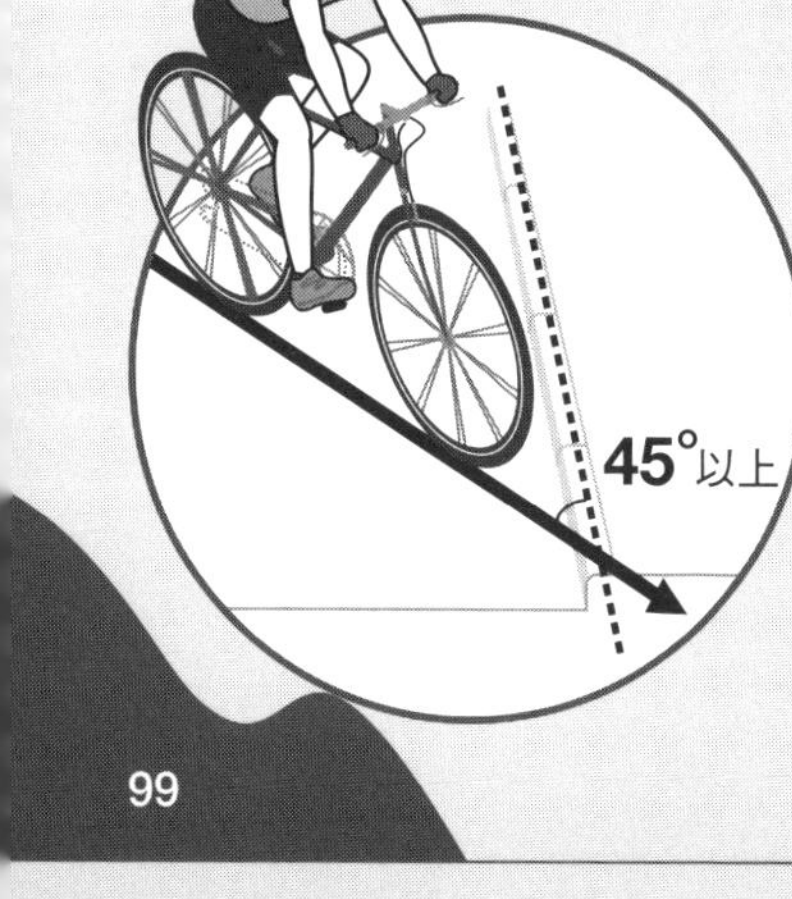

段差を越えて歩道にスムーズに上がるコツ

段差に浅い角度で進入するとスリップしてしまう。45度以上の深い角度をつけ、前輪を軽く持ち上げるようにするとスリップしにくい。

Q 自転車専用道路は増えますか？ 人や車と一緒だと走りにくくて……

A ゆずりあいの心をもって走りたい

現在の日本の道路事情が、自転車で快適に走るのに向いていないことは確かだ。将来的に自転車専用道路が増えるとしても、急に変わるわけではない。

しかし、こうした状況であっても、自動車と自転車と歩行者が、お互いにほんの少しゆずりあうだけで、道路はずいぶん走りやすくなる。ヒヤッとすることも、イライラすることも減るだろう。

このような精神を、道路を使うひとりひとりがもつようになることを望みたい。自転車専用道路ができても、この精神は大切だ。

advice

周囲の人に 迷惑をかける駐輪はしない

少しの時間だから、みんなやってるから、とみんなが都合よく考えることによって、歩道いっぱいに自転車が駐輪され、歩行者が通れなくなる場所も多い。つい駐輪したくなる気持ちを抑えてこそ、かっこいいサイクリストだ。

うらやましい!　快適な 自転車道のある自転車先進国

欧米に比べると、日本では自転車での死亡事故が多い。
これには、道路事情が大きく関係しているようだ。
自転車先進国といえる欧米では、多くの都市で自転車専用道がつくられ、安全に自転車が走れるようになっている。それに比べ、日本の道路は、まだまだ自動車が主役だね。

●サイクリストとしてのマナーをチェック

- □音楽を聴きながら走る
- □携帯電話で話しながら走る
- □傘をさして走る
- □ヘルメットをしないで走る
- □車道と歩道を行ったりきたりする
- □駅前の歩道などに駐輪している

どれもＮＧ。自分にとって危険なのはもちろん、周囲の人を危険なめにあわせる可能性がある。携帯電話や傘をさすための手放し運転は、法律違反でもあるので注意する。

ベルを鳴らさずに声をかける

歩行者がこちらに気づかないとき、どいてほしいからとベルを鳴らすのは、感じがよくない。ひと声かけたほうが、気持ちよくこちらの意思を伝えられる。

自転車が走っていい歩道でも歩行者優先を守る

「自転車通行可」の標識がある歩道なら、自転車も通行することができる。ただし、あくまで歩道なので歩行者が優先。自転車はいつでも止まれるように、最徐行で走ろう。

Q 自転車保険には加入したほうがいいですか?

A 保険料は一年掛け捨てで数千円。もしものために、入ったほうが安心だ

自転車はスピードを出せる乗り物だ。とくにスポーツバイクなら、時速30㎞以上の速度も簡単に出てしまう。こんなスピードで転倒したり、車と接触したりすれば、大けがをするのは当たり前。命を落とすことだってある。

また、スピードが出ることで、歩行者などに、けがを負わせる危険性ももっている。

こうしたことを考えると、保険には入っておいたほうがいい。掛け金は1年の掛け捨てで数千円程度。自分が被害者となったときのためでもあるし、加害者

●事故にあった場合

1 けがの確認・処置を行う

自分であれ、相手であれ、けがをしている場合は、その処置を最優先する。手に負えなければ、周囲に助けを求めたり、ためらわずに救急車を呼んだりする。

2 警察に連絡する

かならず警察に連絡する。相手のドライバーが警察へ連絡せず示談にしたがっても、応じない。自分の保険を使うにしても警察の事故証明が必要になる。

3 連絡先を交換しておく

事故を起こした相手と連絡先を交換しあっておく。相手が自動車の場合は、運転免許証を確認し、記録しておくとよい。

advice

JCAに入会すると自動で保険に入ることができる

日本サイクリング協会（ＪＣＡ）の保険もある。年間4000円を負担すると賛助会員になり、特典として、ＪＣＡ総合保障制度があるんだ。サイクリング以外の日常生活の自転車乗車中でも適用されるのがうれしいね。

●自転車に使える保険いろいろ

自転車総合保険	自転車に乗っているときに起きた事故が対象。傷害保険と賠償保険からなる。
傷害保険	自転車を含む日常生活で起きた事故で、けがをしたり死亡したりした場合が対象となる。
賠償保険	自転車事故で加害者になった場合など、日常生活で損害を与えた場合に補償する。
盗難保険	盗難にあった場合に補償される。ただし、保管場所など、加入の条件は厳しい。
自動車保険・火災保険など	自動車保険や火災保険に加入しているなら、その特約で自転車事故もカバーされる場合がある。

となってしまったときに、責任を果たすためでもある。

事故が起きたらまず救護。それから警察に連絡する

不幸にも事故が起きてしまったら、まずしなければならないのはけが人の救護だ。危険のない場所に運び、救急手当をする。手に負えない場合は救急車を手配する。

加害者の場合でも被害者の場合でも、警察へ連絡することを忘れてはいけない。軽い事故だったとしても、かならず連絡する必要がある。

相手の保険を使うにしても、自分の保険を使うにしても、交通事故証明が必要になる。警察に届けなければ、この証明書は発行してもらえない。

事故を起こした相手と連絡先を交換しておくことも大切。保障などをめぐって、連絡をとる必要が出てくるからだ。

bicycle column 2

ヨーロッパでは サッカー並みの人気。 仏・伊・西の世界3大ツールは ぜひ見たい

数あるロードレースのなかでも最高峰に位置するのが「ツール・ド・フランス」、「ジロ・デ・イタリア」、「ベルタ・ア・エスパーニャ」（スペイン）の3つ。3大ツール、グランツールとも呼ばれる。

100年以上の歴史を誇るツール・ド・フランスは、毎年7月に行われる。総距離約3500kmを3週間かけて走るレース。1日に200km以上走る日もある。

初日からのタイムを足してもっとも少ない選手が、その日の総合首位として表彰され、翌日はリーダーの証であるマイヨ・ジョーヌと呼ばれる黄色いジャージを着用して走る。ジャージを見れば、その時点で誰が首位かひとめでわかるというわけ。最終日に3週間のタイムを積算し総合優勝が決まる。

そのほかにも、コースの途中に設けられたポイントやゴールポイントの通過順位を競うスプリント賞（勝者は翌日のレースで緑のジャージを着用）、峠の通過順位を競う山岳賞（勝者は翌日のレースで白地に水玉のジャージを着用）などさまざまな賞がある。

チーム成績も競うため、集団での駆け引きや隊列をくむチームワークなど、見所がたくさんある。

スポーツ専門チャンネルのテレビ中継や、スポーツカフェで観戦するのも楽しいが、ツールの観戦ツアーに参加したら、ライブの興奮を味わえるだろう。

Part 3 MAINTENANCE

愛車の「おかしい」を見逃さない

走る前の点検と、定期的なメンテナンスが自転車をいつでもよい状態に保つ。いつもと違うと感じたら、すぐチェックしたい

こまめなメンテと愛情で愛車の機嫌を損ねない

手入れを通じて自転車を知る。早期発見・修理が大事

自転車の性能を維持するために、メンテナンスは欠かせない。高い性能が求められるスポーツバイクほど、メンテナンスの必要性も高まる。

メンテナンスをおこたると、知らぬ間に自転車を傷めてしまうことも、事故を引き起こしてしまうこともある。自転車に対する愛情をもっていれば、何か異常があった場合、日々のメンテナンスで「おかしい」と気づくだろう。

早い段階で異常に気づいて修理する。これが自転車の健康状態をいつまでも良好に保つ秘訣だ。

よく見ること、掃除、注油がメンテの基本

深刻な故障があったら、その修理は専門家に頼もう。自分でやることは、自転車をいい状態に保つことと、異常を発見することが中心だ。

大切なのは、まずじっくりとよく見ること。全体を眺めるだけでなく、各部を細かく見ていくようにする。

掃除も重要なメンテナンスのひとつ。いつもきれいにしておこうという愛情が、異常の早期発見につながる。

もうひとつは注油。適切な注油は、走りを軽やかにし、自転車をさびから防いでくれる。

advice

定期的な本格点検も忘れずに

乗る前の点検が大切なのはもちろんだけど、それだけでは十分じゃない。いつも自分で行うメンテナンスと、ショップで受ける本格メンテナンスの2本立てがいい。プロの技術が安心を約束してくれるからね。

STEP 1 自転車をじっくり見る

タイヤ

空気が適切な圧力で入っているか。表面に傷や亀裂がないか。減り具合はどうか。

サドル

上面が水平に固定されているか。まっすぐ前を向いているか。高さが変わっていないか。

ブレーキ

ブレーキシューに砂利などが詰まっていないか、減っていないか。ブレーキワイヤーが切れかけていないか。

変速機

スムーズに動くか。ワイヤーが切れかけていないか。砂などがついていないか。

チェーン

たるんでいないか。さびが出ていないか。砂などの汚れがついていないか。

ペダル

軸にしっかり固定されガタつきがないか。変形していないか。

フレーム

変形やひび割れがないか。傷がついていないか。

point
バルブは3タイプある

バルブには、英式、米式、仏式の3タイプがある。一般の自転車は英式、スポーツバイクにはフレンチバルブと呼ばれる仏式が多い。

1
バルブの先をゆるめる

バルブのキャップをはずし、先端にあるコアの小さなねじを回してゆるめる。ねじの頭を少しだけ押す。

空気圧メーターのついたポンプが便利だ

STEP 2 タイヤに空気を入れる（仏式の場合）

2
ポンプの口金をバルブにセットする

バルブにポンプの口金をかぶせる。しっかり奥まで押し込んだら、背面にあるレバーを起こしてロックする。（起きているレバーを倒してロックするものもある）

3
適切な気圧までポンピングする

メーターを見ながら、そのタイヤの適切な空気圧になるまでポンピングする。適切な空気圧はタイヤの側面に記載されている。

ちょうどいい空気圧を体で（指で）覚える

メーターを見ながら適正な圧力まで空気を入れたら、指でタイヤを押してみて、その硬さを覚えておこう。日々のメンテに役立つからね。

STEP 3 掃除する

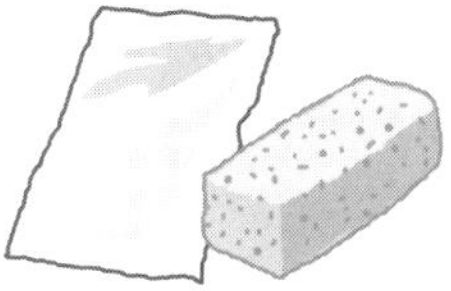
布・スポンジ

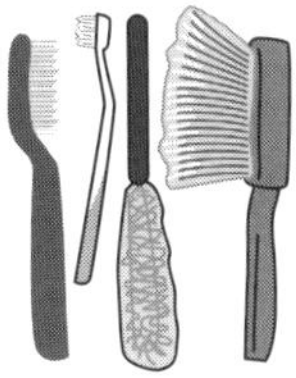
ブラシ・歯ブラシ

ディグリーザー・クリーナー

オイル

スタンド

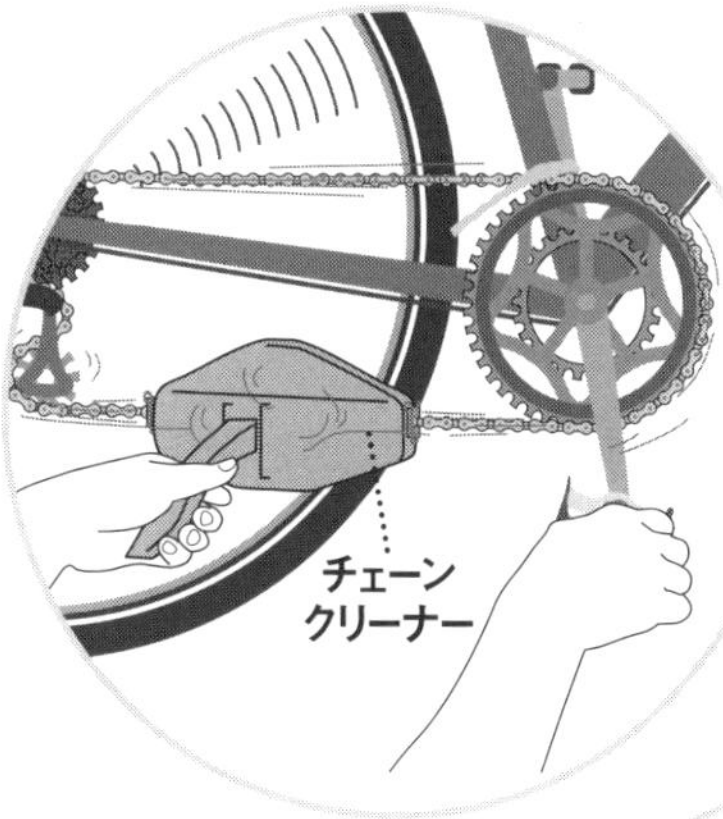

チェーンの汚れ

油汚れを落とす

チェーンはディグリーザー（油落とし）で洗浄し、油汚れと泥を落とす。チェーンクリーナーという専用の道具を使うと、ペダルを回すだけで楽に汚れが落とせる。

フレームやタイヤなどの軽い汚れ

布やぞうきんでふき取る

日常的な汚れは、乾いた布やブラシ、固く絞ったぞうきんで落とす。フレームはワックスでみがく。スポークをきれいにしておくと、自転車はきれいに見える。

各パーツの泥汚れや油汚れ

専用の洗剤を使って洗う

汚れがひどい場合はディグリーザーや専用のパーツクリーナーを使って落とす。後輪のギアなど、細かい部分はブラシや古い歯ブラシを使って洗うとよい。泥のついたタイヤは水洗いしたほうがいい。

洗車後は注油を忘れずに

自転車を水洗いすると、汚れと一緒に潤滑油も落ちてしまう。かならず注油しよう（次ページへ）。

STEP 4 油をさす

注油する目的は2つある。ひとつは可動部の動きをスムーズにすること。もうひとつはさびの防止だ。べたつきなどを防ぐためにも、自転車専用のオイルを使うようにしよう。

トップギアにしておくとやりやすい

チェーンをゆっくり逆回転させながら注油する。リムにかからないように注意。最後に余分な油をふき取っておくと、ほこりや砂がつきにくい。

●油をさしてはいけない場所

ヘッドパーツ
ブレーキの制動部
車軸（ハブ）
タイヤ・リム
クランク軸

やりすぎはNG

油の量は多いほうがいいというわけじゃない。余分な油は汚れの原因になるだけだ。油をさしてはいけない場所もあるから気をつけよう。

気になる
Q&A
［故障］

Q どんな状態になったら店に行くべきでしょうか？

A ガタガタする、変な音がする。いつもと違うと思ったら相談しよう

自転車の修理は自分でできるものもあるし、プロに任せたほうがいいものもある。その見極めをまちがえると、危険な状況を招いてしまうことになる。

クランクの回転の中心となる部分や、ヘッドパーツ（16ページ参照）周辺の修理は、特殊な工具を必要とするので、プロに任せたい代表的な部分だ。走っていて異音がするとか、ガタつくような場合は、お店で調べてもらおう。

また、前後の変速機の調整やスポークの調整など、微妙なメンテナンスも、プロの技術でやってもらったほうがいい。

初心者のうちは無理しない 少しずつ自分でできるように

慣れてくれば自分でできることも多い。たとえば、パンクの修理、ブレーキシューの交換、ブレーキや変速機のワイヤーの交換、タイヤの交換などは、当然自分でできたほうがいい。

ただ、初心者は決してムリをしないこと。中途半端なメンテナンスが原因で事故を招いてしまうことも考えられるからだ。できないうちはお店に頼み、少しずつ技術を学んでいくようにしたい。

advice

慣れてきたら、簡単なトラブルは自分で解決を

多いのは、チェーンがはずれるなどのチェーントラブル。2位がパンクだ。どちらも最初はお店に行ったほうがいいが、このくらいのトラブルなら、いずれは自分で直せるようになってほしいね。自転車への愛情も増すよ。

変な音がする

走行中に変な音がしたら、どこから聞こえるのかチェックしよう。ブレーキなのか、ギアなのか、ハンドルなのか、ペダルなのか……。部位によってさまざまな原因が考えられる。

こんな原因が考えられる

- ヘッドパーツのゆるみ
- ブレーキの調整不足
- クランク軸のゆるみ
- 変速機の不具合
- ペダルまわりのゆるみ
- ギア板のゆるみ など

チェック法

10cmほど持ち上げて軽く落としてみる

自転車を10cmほどの高さまで持ち上げ、そこから落としてみよう。ねじがゆるんでいると、鈍い振動音がするのですぐわかる。

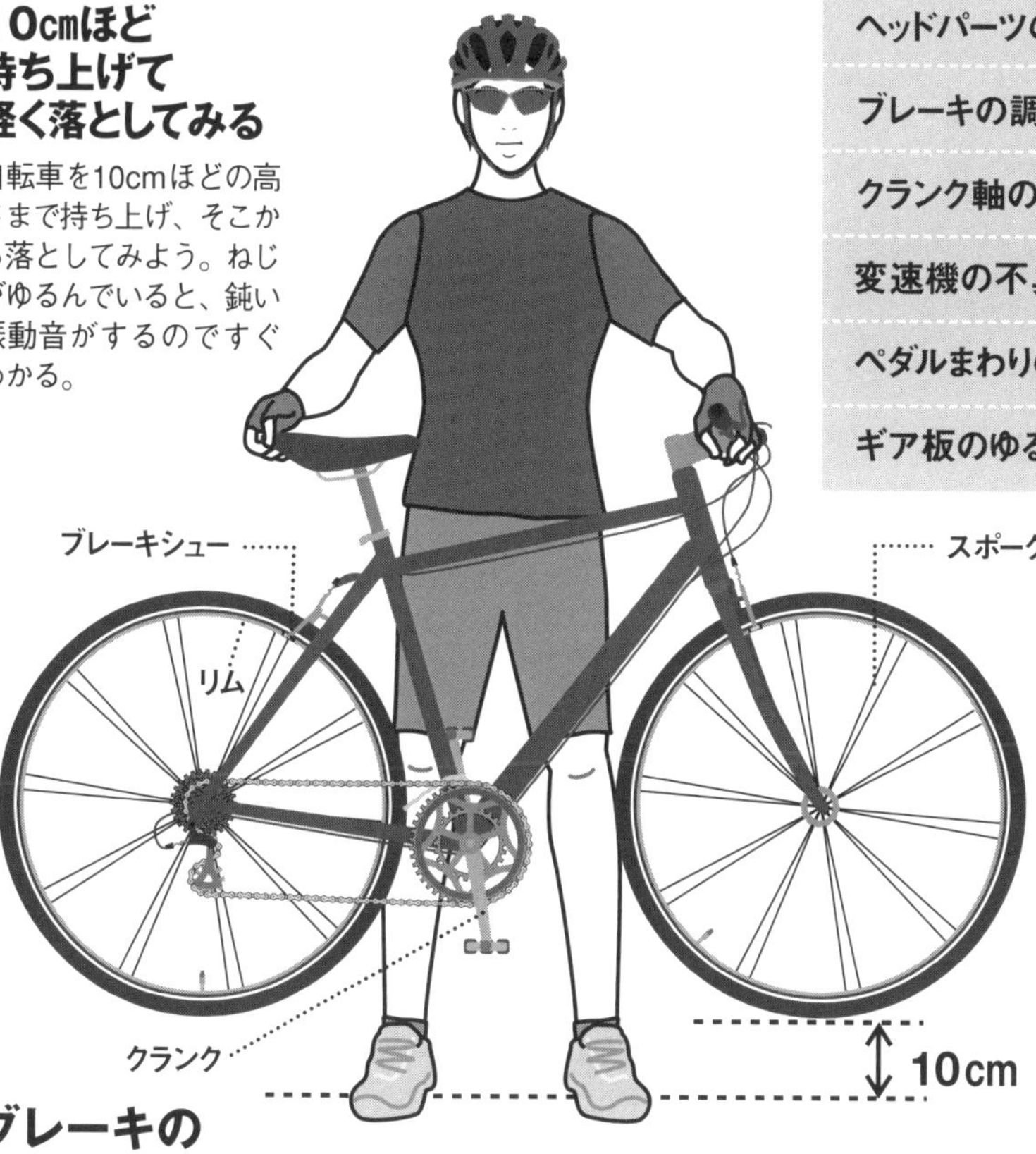

ブレーキの効きが悪い

ブレーキシューが減っていたり、リムに正しく当たっていなかったりすると、効きが悪くなる。また、ワイヤーが伸びて、レバーの遊びが大きくなっていることもある。

変速がうまくできない

ワイヤーの張りが適切でないと、スムーズにチェンジしない。変速機に調整ボルトがあるが、調整には熟練した技術が必要。むやみに触らず、専門家に任せたほうがいいだろう。

STEP 1 パンク修理に 必要な メンテナンス道具

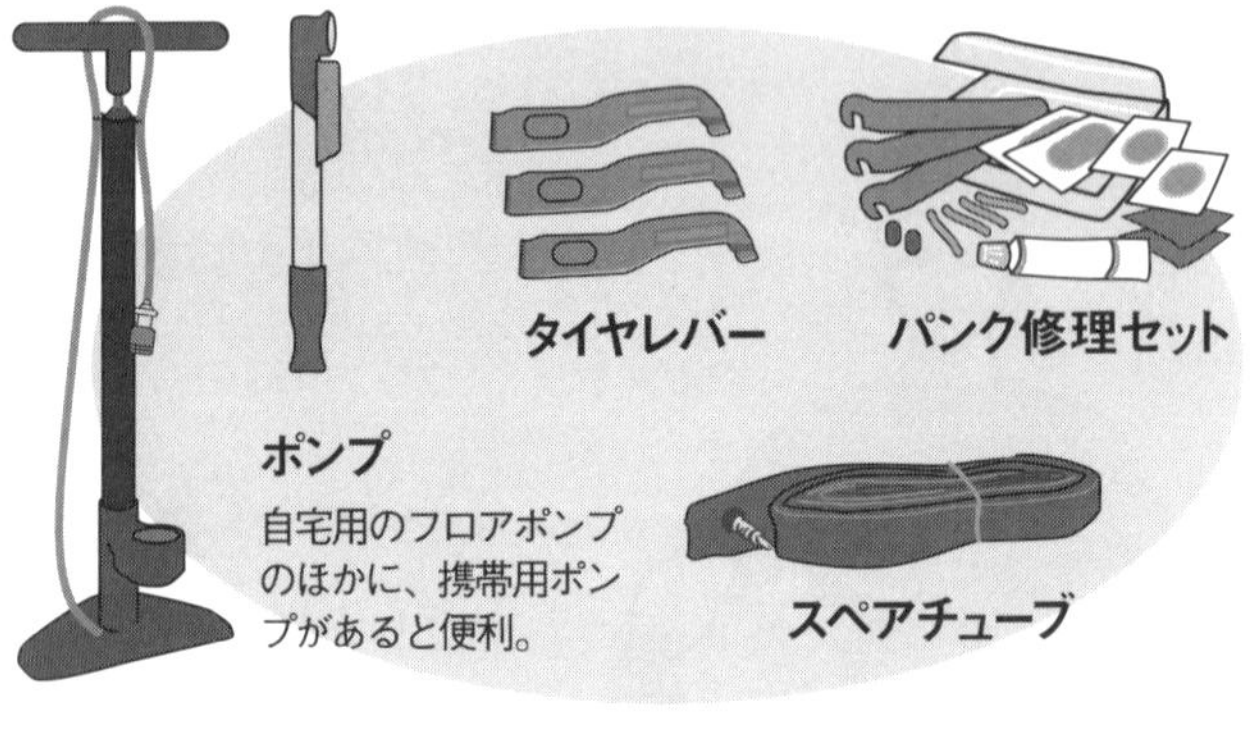
タイヤレバー
パンク修理セット
ポンプ
自宅用のフロアポンプのほかに、携帯用ポンプがあると便利。
スペアチューブ

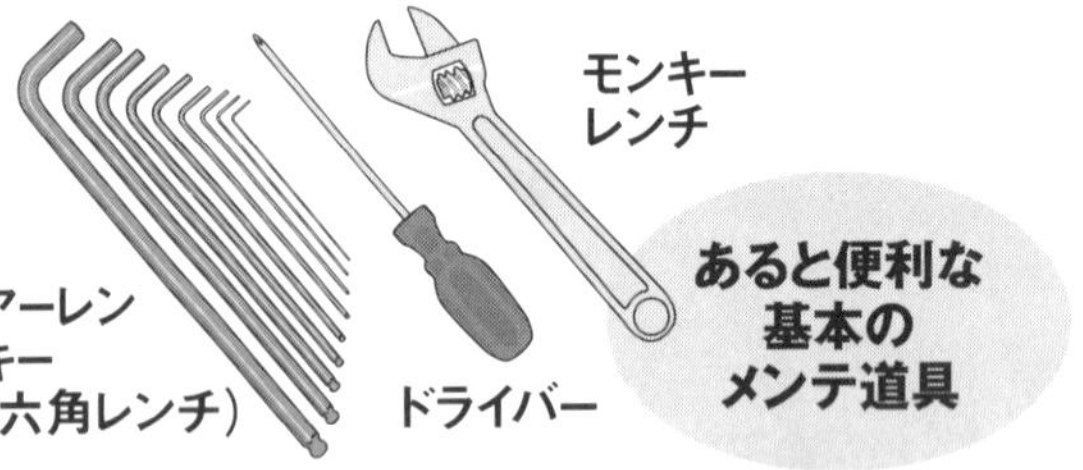
モンキーレンチ
あると便利な基本のメンテ道具
アーレンキー（六角レンチ）
ドライバー

気になる Q&A ［故障］

Q パンクの修理くらい自分でできるようにしたいです

A 慣れれば誰でもできる。自分でやってみることが大切

パンク修理は、お店に頼むこともできるが、決してむずかしい修理ではない。自分でできるようにしておいたほうがいいだろう。そのほうが安上がりだ。

パンクの修理には、タイヤをはずすためのタイヤレバー2〜3本と、ポンプが必要になる。パンク修理セット（パッチ、ゴムのり、紙やすり）があれば、チューブの穴をふさぐこともできる。

走行中にパンクしたときには、常に携行しているスペアチューブに交換するだけの応急処置を行う。チューブの穴をふさぐ作業は、家に帰ってから行おう。

STEP 2 ホイールのはずし方、つけ方

前輪

はずす 1

ブレーキを解除する

クロスバイクやMTBにはVブレーキが使われている。ワイヤーリードとブレーキ本体を持ち、横にスライドさせてワイヤーをゆるめる。これでワイヤーがはずれる。

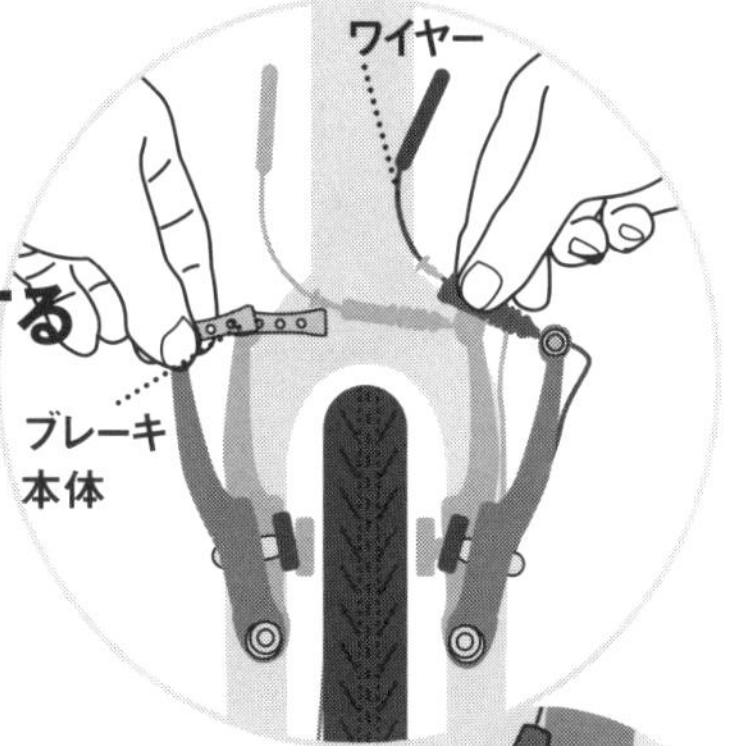

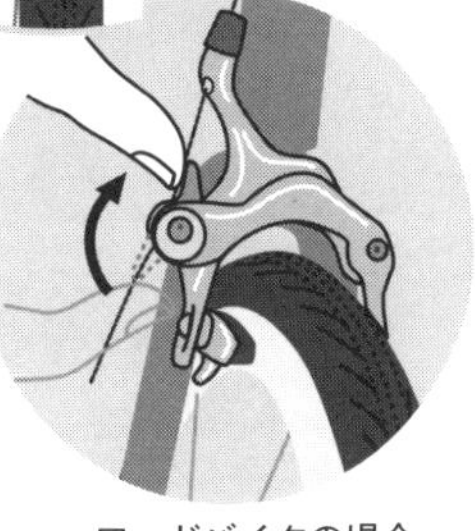

ロードバイクの場合は、サイドプルブレーキのクイックレバーを上の絵のように持ち上げる。

はずす 2

クイックレバーを開く・ゆるめる

ホイールを固定しているクイックレリーズのレバーを引っ張るようにして開く。この状態でレバーが動かないように押さえ、反対側にあるナットを手で反時計回りに回してゆるめる。

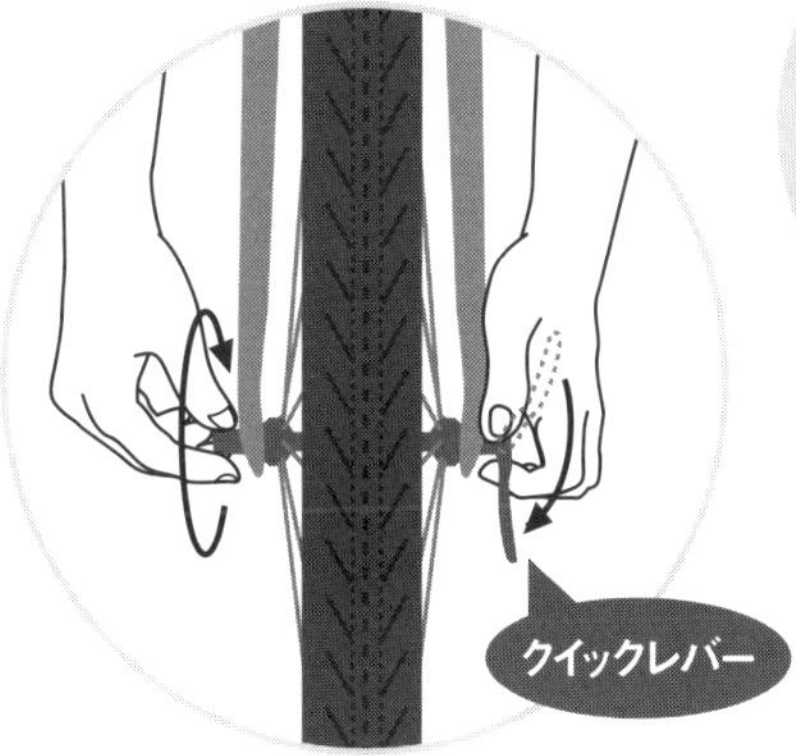

はずす 3

ホイールをはずす

ナットが完全にゆるんだら、フレームを持ち上げる。これでフォークから前輪のホイールがはずれる。

つける

3→2→1の順にホイールを自転車につける。ブレーキを元にもどしたら、車輪とフォークの左右の間隔が均等か確認する。

ホイールのはずし方、つけ方

後輪

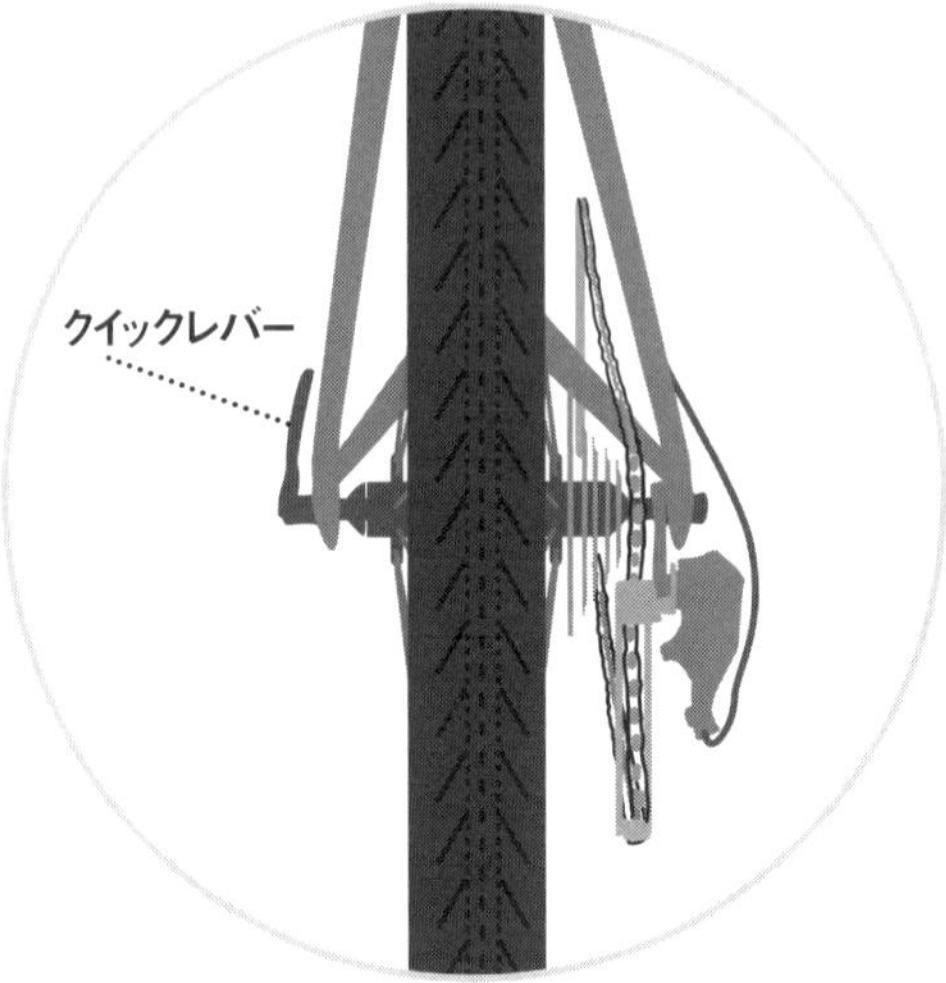

はずす 1

ギアをトップに入れる

後ろのギアをトップに入れておく。一番小さなギアにチェーンがかかった状態にすると、ホイールをつけるときにもやりやすい。

はずす 2

ブレーキを解除する

前輪の場合と同じ方法でブレーキを解除する。Vブレーキの場合は、いったんワイヤーをゆるめて、スリットからワイヤーをはずす（P115参照）。

はずす 3

クイックレバーを開いてホイールをはずす

クイックレバーを引っ張り出すようにして解除する。これだけでフレームを持ち上げればホイールがはずれる。はずれにくい場合には、レバーと反対側のナットを手でゆるめる。

はずれにくいときは…

チェーンが引っかかってはずれにくい場合には、変速機の本体部分を後方に引っ張る。これではずれやすくなる。

郵 便 は が き

お手数ですが、
50円切手を
おはりください。

151-0051

東京都渋谷区千駄ヶ谷 4-9-7

(株) 幻 冬 舎

「知識ゼロからの
サイクリング入門」係行

ご住所 〒□□□-□□□□ Tel. (- -) Fax. (- -)			
お名前	ご職業		男
	生年月日	年 月 日	女
eメールアドレス：			
購読している新聞	購読している雑誌	お好きな作家	

本書をお買い上げいただき、誠にありがとうございました。
質問にお答えいただけたら幸いです。

「知識ゼロからのサイクリング入門」をお求めになった動機は？
① 書店で見て ② 新聞で見て ③ 雑誌で見て
④ 案内書を見て ⑤ 知人にすすめられて
⑥ プレゼントされて ⑦ その他（ ）

本書のご感想をお書きください。

後、弊社のご案内をお送りしてもよろしいですか。
はい・いいえ ）
記入いただきました個人情報については、許可なく他の目的で
用することはありません。
協力ありがとうございました。

つける 1

後ろのギアをトップに入れる

シフトレバーがトップになっていることを確認しておく。この状態で、もっとも小さなギアにチェーンをかける。

つける 2

歯車にチェーンを合わせる

一番小さい歯車にチェーンをかけ、変速機を後方へ引いた状態でフレームを押し下げるようにしてホイールをはめる。フレームの端にある凹みに車軸をきちんとはめる。

つける 3

クイックレバーを閉じる

つける 4

ブレーキを戻す

▼

装着したら、車輪がフレームの中心にきているか確認する

ポイントを押さえてパンクしないように走る

パンクの原因はいろいろあるけど、空気圧が低いと、段差を乗り越えるときにパンクしやすい。適正な空気圧にしておくことは大切だね。それから、路上のガラス片などに注意し、できるだけよけるようにしよう。

STEP 3 チューブを交換する

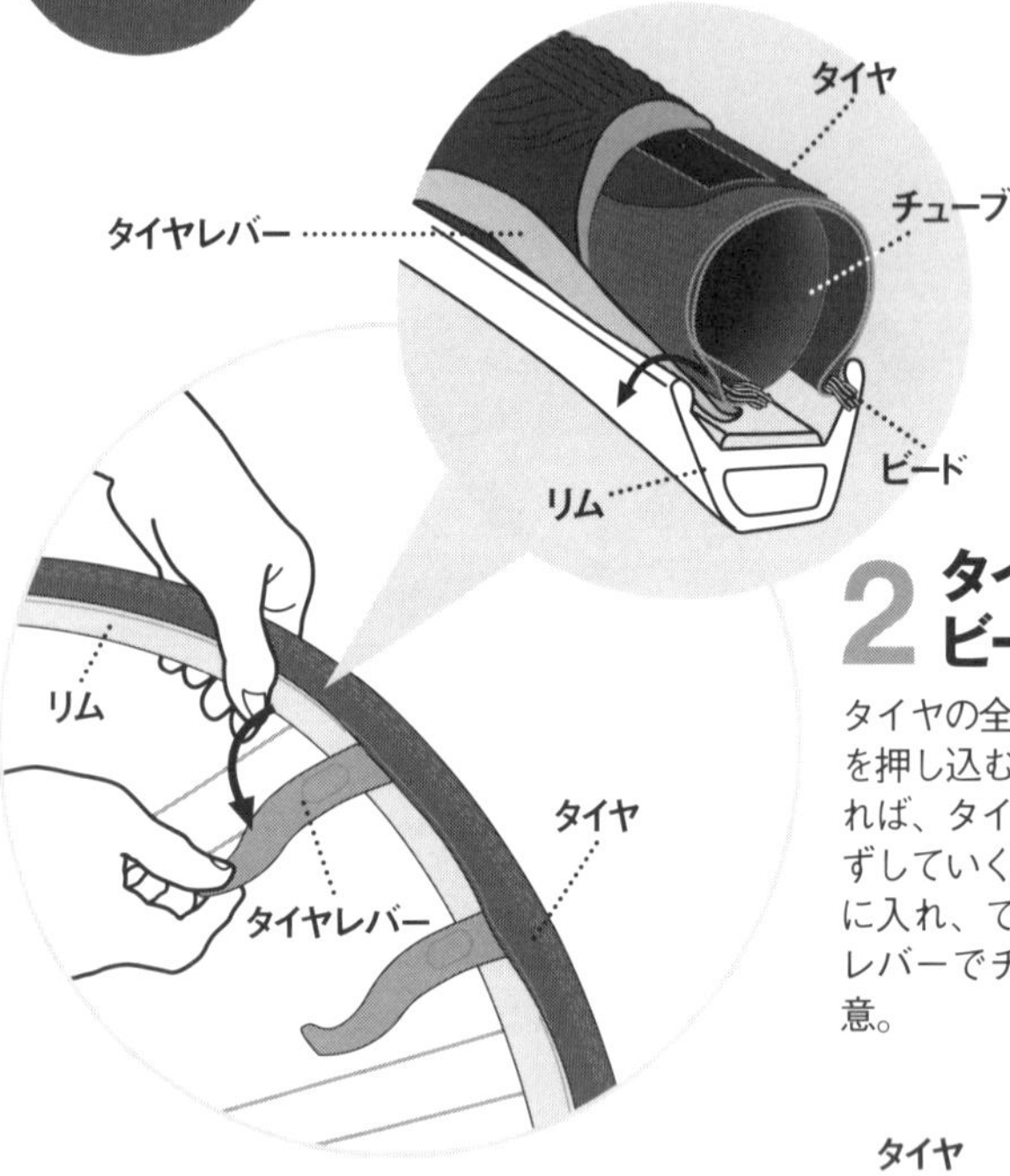

1 空気を抜く

タイヤの空気をすべて抜く。フレンチバルブ（P108参照）の場合、ねじをゆるめてから先端を押せばよい。バルブの根元のナットもはずしておく。

2 タイヤレバーでビードをはずす

タイヤの全周を指で横から押し、ビードを押し込む。これでタイヤがはずれなければ、タイヤレバーを使ってビードをはずしていく。レバーをタイヤとリムの間に入れ、てこの原理を利用してはずす。レバーでチューブを傷めないように注意。

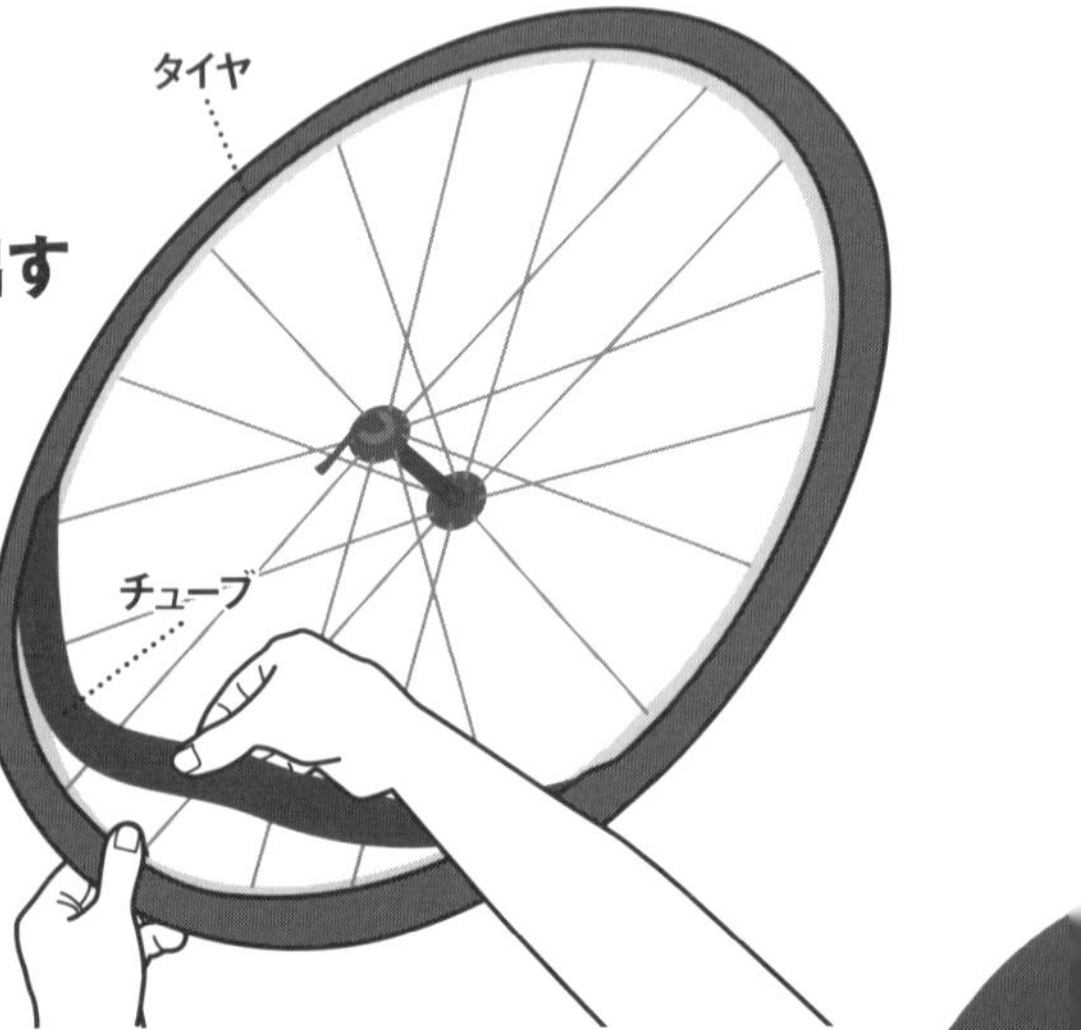

3 チューブを引っ張り出す

ビードが全周ではずれたら、タイヤの中からチューブを引っ張り出していく。最後にバルブの部分も引き出す。これでチューブが完全にはずれる。

4 パンクの原因が残っていないか確認

パンクの原因になったガラスや金属などが、タイヤの内側に残っていないかよく調べる。原因を残したまま新しいチューブを入れてしまうと、再びパンクを起こすことになる。

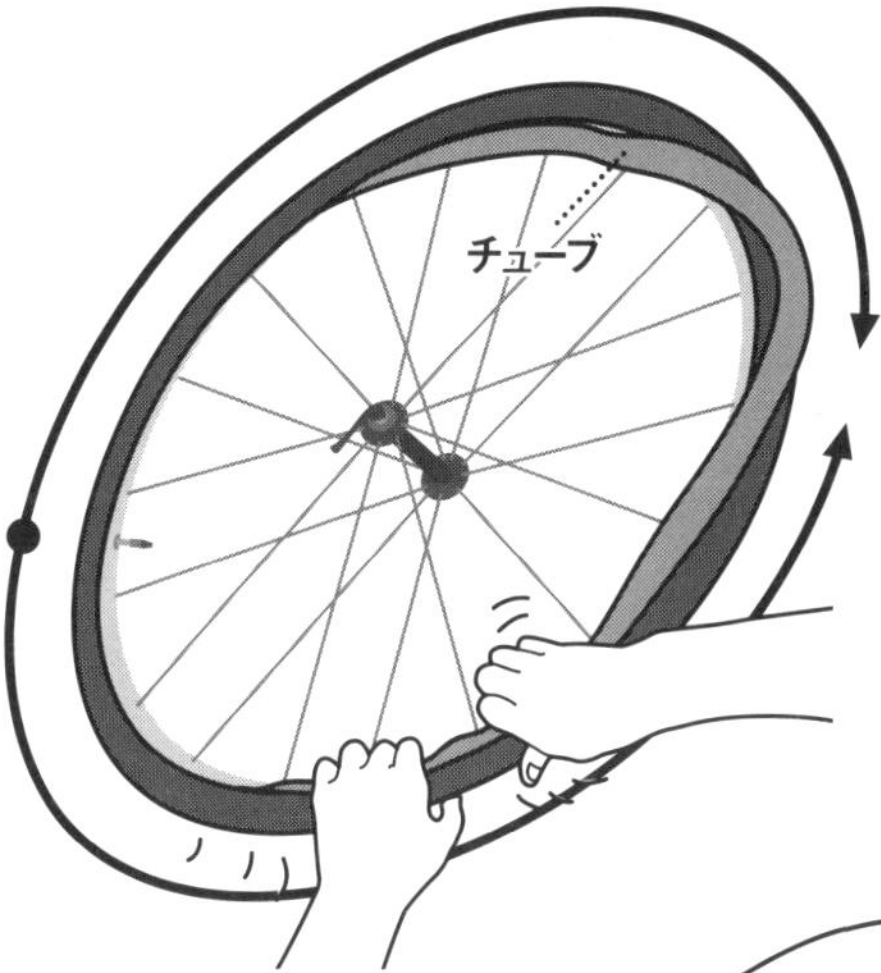

5 軽くふくらませた予備のチューブをタイヤにセット

タイヤに入れる予備チューブには、あらかじめ軽く空気を入れてふくらませておく。これでチューブがビードにはさまるのを防げる。バルブの部分からタイヤの中に収めていく。

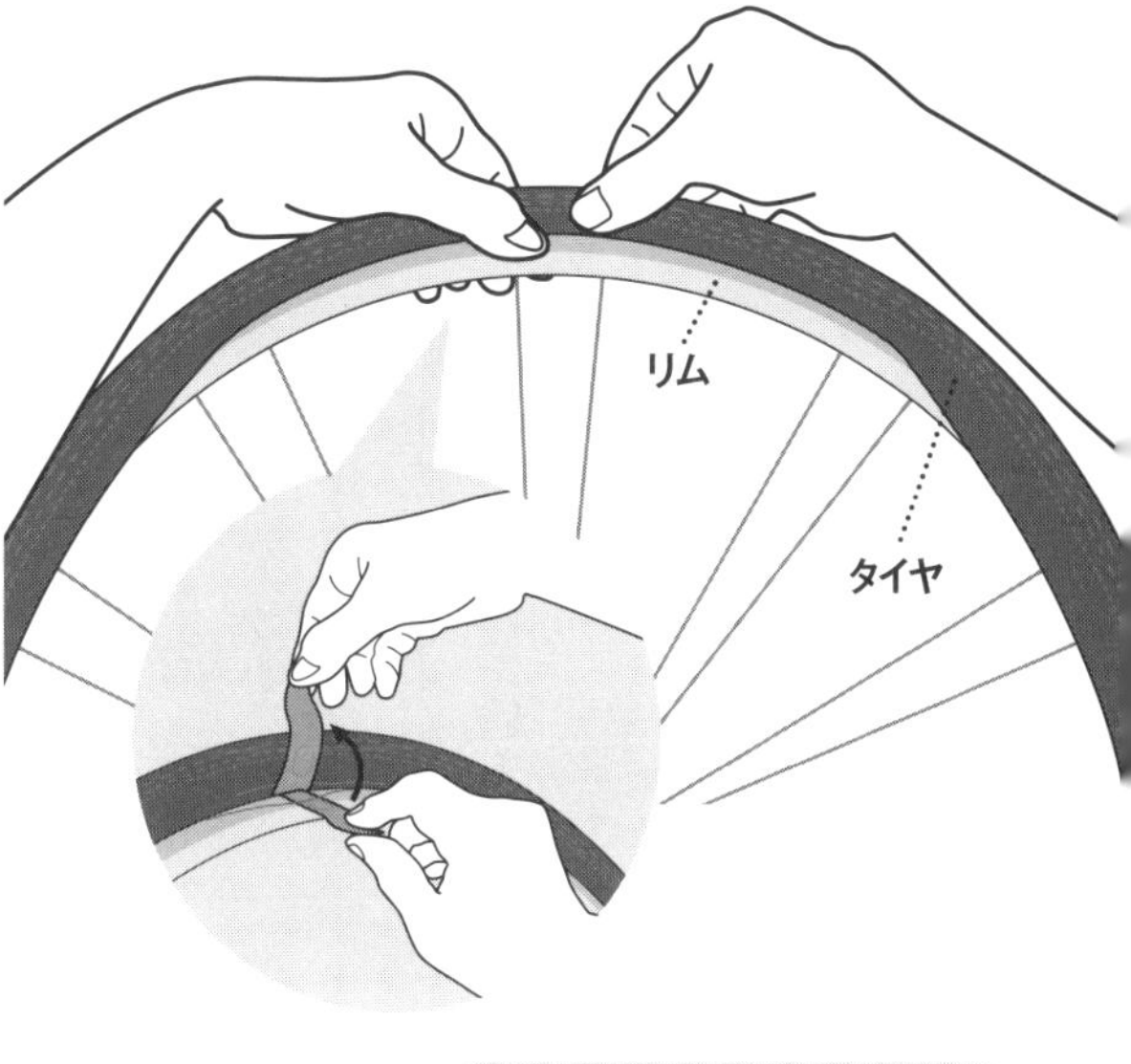

6 タイヤをリムにはめる

チューブがすべてタイヤに収まったら、タイヤをリムにはめていく。バルブ側からはじめる。チューブをはさまないように注意。

7 最後はレバーを使う

最後の部分は、タイヤレバーを使ってビードを持ち上げ、リムの中に収める。レバーの先端でチューブを傷つけないように。

8 チューブの収まりを確認して空気を入れる

チューブの収まりをチェック。収まりが悪い場合、チューブがタイヤからはみ出している可能性がある。問題なければ空気を入れる。

チューブの穴も簡単に補修できる

穴のあいたチューブの補修はむずかしくない。穴を見つけたら、その周囲を紙やすりで軽くこすってからゴムのりを塗り、半乾きの状態でパッチを張る。ゴムのりが必要ないシール式のパッチもある。これならもっと簡単だね。

bicycle column 3

本に映画にグッズ。自転車は、ただ乗るだけにあらず、だよ

サイクリングで遠出したり、自転車競技を観戦したり、愛車に手を加えて改造したりするだけが自転車の楽しみではない。

本や写真集からも、あらたな自転車世界が広がるはずだ。

たとえば漫画。安田剛士氏の『Over Drive』（講談社）や曽田正人氏の『シャカリキ！』（秋田書店、小学館）を読んで心を熱くしたり、宮尾岳氏の『並木橋通りアオバ自転車店』（少年画報社）を読んでうんちくや車種を勉強するのもいい。

ツール・ド・フランス（104ページ参照）を通算7連勝したランス・アームストロングの自叙伝をはじめとするレース系の本や、自転車旅行記、健康問題と絡めた新書などもある。

自転車をテーマにした映画もおすすめだ。ピーター・イエーツ監督の『ヤング・ゼネレーション』（1979年）は自転車レースに夢中の青年が主人公で、仲間との友情や恋を描いたまさに青春映画。馬場康夫監督、草彅剛、飯島直子出演の『メッセンジャー』（1999年）は、自転車便という仕事のこともわかる映画。見終わってから、街中を走りたくなってくる。

また、中古自転車のパーツを使用して作ったアクセサリーなどの小物は、自転車好きの友人への贈り物にもいい。

Part 4 ENJOY

ちょい乗りからレースまで。楽しみはつきない

近所をサイクリングする、朝から夕方まで走り続ける、イベントやレースに参加する、自転車で通勤する……。自分だけの遊び方を見つけたい

サイクリング ①

あちこちへ出かけて自分だけの楽しみ方を探す

行き先も走り方も距離も好きなように決められる

自転車はいろいろな走りを楽しむことができる自由な乗り物だ。自分なりの楽しみ方を探してみよう。

距離だって自由だ。近所をのんびり走るちょい乗りも楽しいし、1日に100㎞くらい走るのもいい。もちろん、数日がかりのツーリングに出かけることだってできる。

コースもいろいろ。平坦なロードでスピードを楽しむことも、オフロードをたくましく走るのもいい。峠越えなら、きつい上りと爽快な下りの両方を味わうことができる。

目的もさまざまだ。ただ走りたい人もいるし、美しい風景や名所旧跡をたずねることを楽しみにしている人もいる。ダイエットやレース出場、なかには走行後のビールが目的という人も。

輪行や車の利用で走れる世界がぐんと広がる

自転車を専用の袋に入れ、電車、飛行機、バス、船などの交通機関で運ぶことを輪行という。

自宅を出発して自宅に帰るサイクリングだと、どうしてもコースがかぎられてしまうが、輪行や車で自転車を運べば、世界は一気に広がる。自転車の楽しみも広がる。

advice

地球にやさしい自転車。エネルギー効率はピカイチ

自転車は、ランニングに比べて速いし疲れない。エネルギーを無駄なく運動に変えるからなんだ。
速さは自動車には負けるけど、石油を燃やす自動車と違って地球にやさしいのがいいね。

Bianchi

［ちょい乗りから本格サイクリングまで楽しみ方がいっぱい］

「ちょっと散歩」の自転車版
ポタリング

のんびりと走る自転車散歩。自然のなかでも都会でも楽しめる。細かな予定は立てないほうがいい。ブラブラ走っていると、裏道や素敵なお店など、思わぬ発見につながることも。

車より気軽に、歩くより遠くへ
サイクルトレッキング

マウンテンバイクなどを利用して、砂利道などのアウトドアフィールドを、ときには自転車を押したり、担いだりしながら移動して楽しむ、ツーリングの一形態。

サイクリングを楽しむ王道
ツーリング

自転車による旅行。日帰りの場合もあれば、何泊にもおよぶ場合もある。
食べ物、飲み物、予備の衣類、パンク修理キットなどを準備したい。快適に長距離を走れるスポーツバイクに乗っていこう。

好きな道だけ走ることもできる
カーサイクリング

車のトランクやサイクルキャリアに自転車を積み、走りたいところに行って、現地でのサイクリングを楽しむ。電車やバスの通らない山奥に行くこともできる（P136参照）。

折りたたみ自転車だとなお便利
輪行サイクリング

専用の輪行袋に自転車を収納し、交通機関で目的地まで行って、現地でサイクリングを楽しむ。標高の高い駅から走り出し、山の下にある駅をゴールにすることも可能（P136参照）。

自然をとことん満喫できる
キャンピング

キャンプをしながらの自転車旅行。ツーリングに必要な荷物以外に、寝袋、テント、炊事道具、衣類などをコンパクトに積んで走る。

愛車と一緒に次はどこへ行こうか、想像を広げるだけでもウキウキしてくるね。

年齢に応じた走行距離の目安（1日）

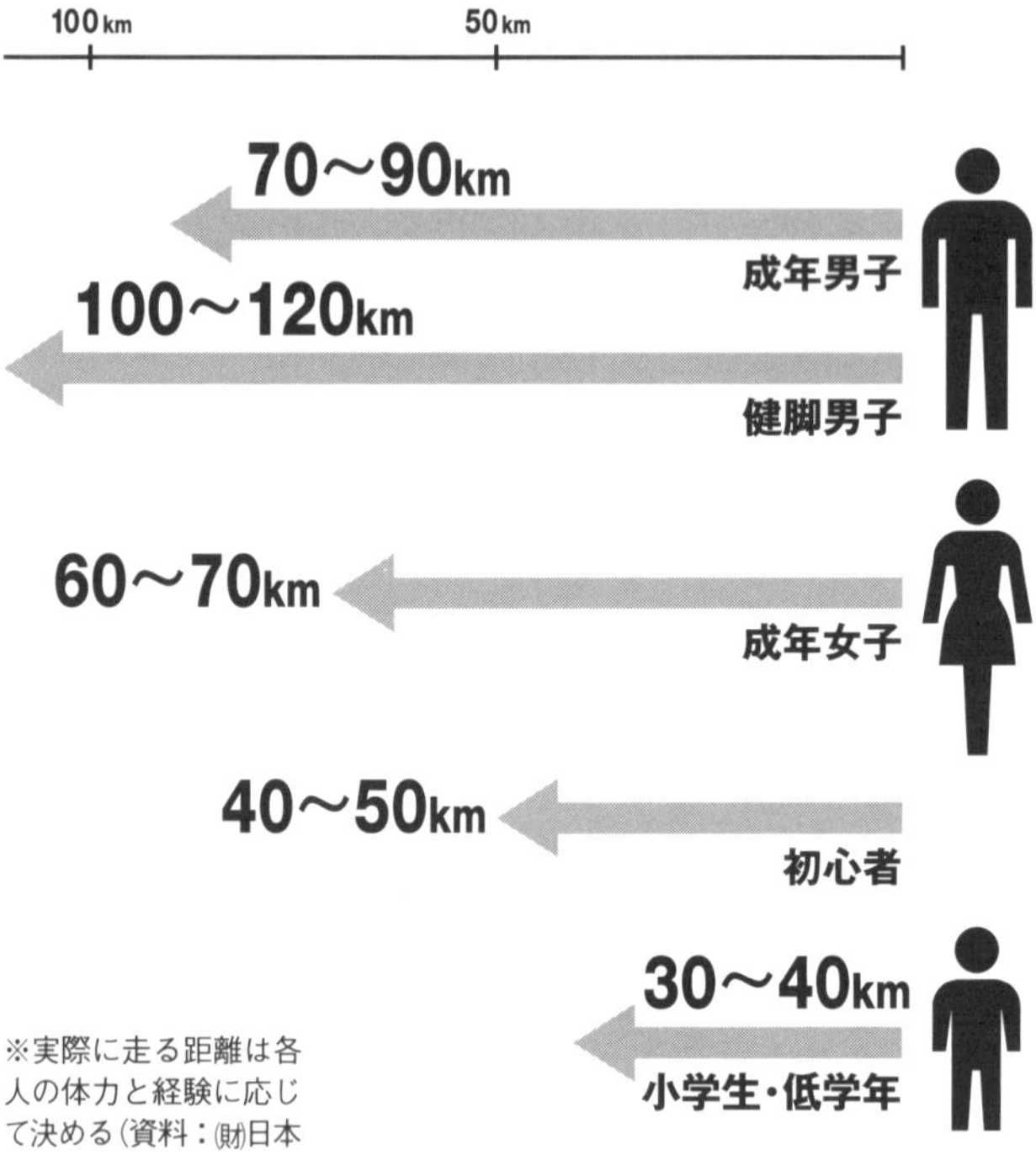
100km
50km
70〜90km
成年男子
100〜120km
健脚男子
60〜70km
成年女子
40〜50km
初心者
30〜40km
小学生・低学年

※実際に走る距離は各人の体力と経験に応じて決める（資料：㈶日本サイクリング協会）。

サイクリング ②

どのくらい走れるかテストして目標距離とペースを決める

まずは3時間のサイクリングをしよう

自転車に慣れてくると、サイクリングに出かけたくなる。が、遠くまで走りたいけれど自信がない、という人にすすめたいのが、3時間のサイクリング。距離ではなく、時間を目標にするのがポイントだ。

もちろん休憩をとりながら、体力的にきつくないスピードを心がける。コースは、できることならサイクリングロードがいいだろう。1時間半走って折り返してもいいし、適当な距離を周回するコースでもいい。

この3時間サイクリングを行うこと

気持ちよく走りきるためのポイント

午後のスケジュールに余裕をもたせる

慣れないうちは無理のないスケジュールが基本。午後の予定にゆとりをもたせておけば、午前で遅れが出ても余裕をもって走れる。

使う自転車や経験に応じたコースを選ぶ

どんなコースを選ぶかは、自転車の種類と体力を考えて決める。ロードバイクなら舗装道路だけ、ＭＴＢならオフロードでもＯＫだ。

体力のない人に合わせたプランを

サイクリングの距離や走るペースは、子ども、女性、初心者など、もっとも体力のない人が楽に走れるレベルに合わせる。

で、自分がどのくらい走れるかが明らかになる。

走った距離や疲れ具合を元にして、遠出の計画を立てると、無理のないサイクリングを楽しむことができるだろう。

予定通りでなくていい。臨機応変に走る

サイクリングでは、予定を立てることは大切だ。

しかし、どうしてもそれを守らなければ、などと考えないほうがいい。遅れを取り戻そうと無理なペースで走ったり、休憩をなくしたりするのは、楽しくないし、危険でもある。

予定にしばられて無理するくらいなら、臨機応変に予定を変えてしまったほうがよほどいい。

目的地にいくことにこだわらないで、途中で引き返して、時間の遅れを取り戻してもいいのだ。

サイクリング ③

ロードマップや地形図で走りやすいコースを探す

現在地と目的地を確認するために

距離を知る

目的地までの距離を知るにはロードマップが便利。5万分の1の地図では1cmが500m、20万分の1では1cmが2kmになる。

方角を知る

方位磁石を持っていくといい。地図の読み取りに役立つ。常に地図上で自分の現在位置を確認しておこう。

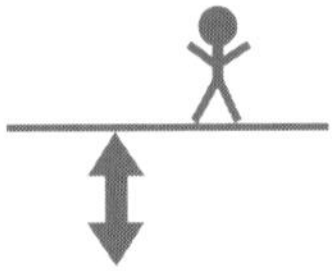

標高を知る

地図上の三角点や水準点の横に標高も記入されている。コースの標高差がわかると峠越えなどのとき、強度が予測できる。

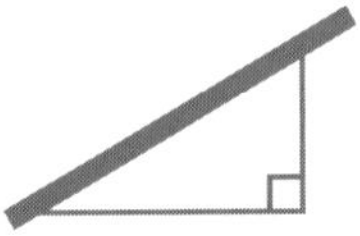

勾配を知る

等高線から判断することができる。等高線の間隔が狭いところは勾配が急で、間隔が広くなっているところはなだらか。

事前にルートを決める。地図はかならず持っていく

サイクリングに地図は欠かせない。道に迷わないためにも、目的地や家までの距離を知るためにも必要だ。こうした目的にはドライバー向けのロードマップが便利だ。わかりやすい目標物や区間距離が記入してあり、地図に慣れていない人でも使いやすい。必要なページだけコピーして持っていけばいい。

起伏のある土地や峠を走るなら、等高線のある国土地理院発行の地形図（5万分の1か20万分の1）が便利。

走ったルートを記録しておくと、次に行くときに役立つ。思い出にもなる。

[いろいろなタイプのコースを走ろう]

平地を走る

起伏のない舗装道路を軽快に走るのも自転車の楽しみのひとつ。スピードを楽しむロードバイク派は平地を。

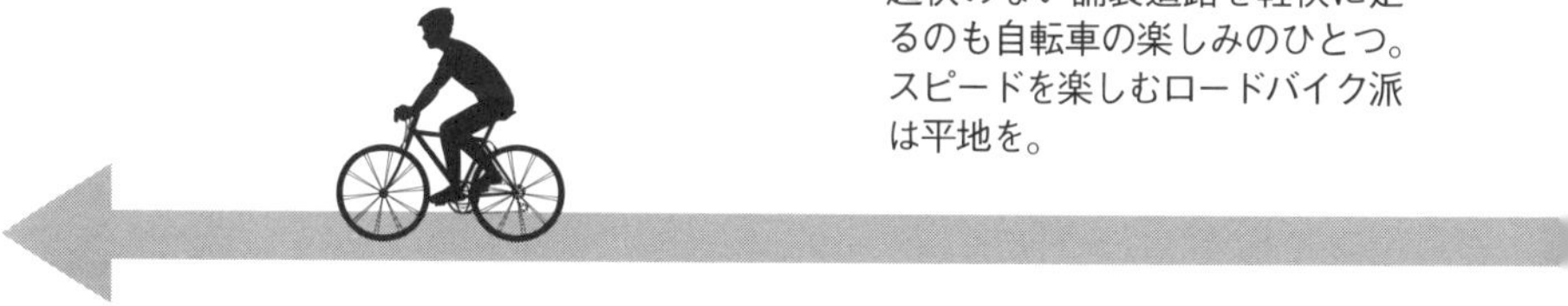

アップダウンコースを走る

苦しい上り坂と、その後に訪れる至福の下り坂。きつい勾配を上り、なだらかな勾配を下るのが理想的なコースだ。

周回コースを走る

ぐるりと一周回ってくるコースは、往復コースと違って同じところを通らない。どれだけ走ったかがわかりにくいのが欠点。

折り返して走る

行った道を帰るので、道に迷う心配がないし、どのくらい時間がかかるかも計算できる。初心者は安心して走れる。

休憩スポットやトイレの場所を事前にチェックしておく

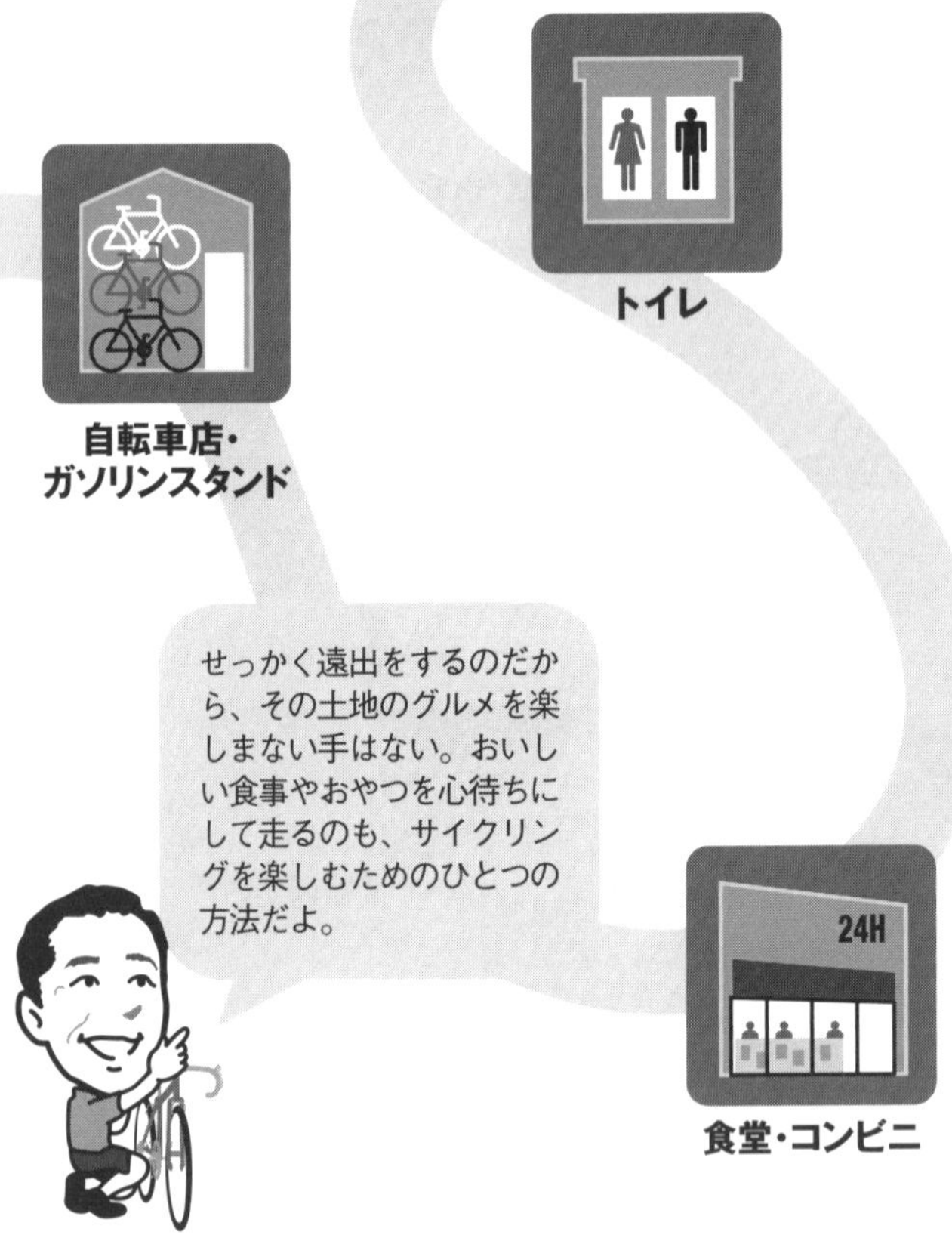
自転車店・
ガソリンスタンド
トイレ
食堂・コンビニ
24H
せっかく遠出をするのだから、その土地のグルメを楽しまない手はない。おいしい食事やおやつを心待ちにして走るのも、サイクリングを楽しむためのひとつの方法だよ。

安心して走るために必要な情報

長時間にわたるサイクリングでは、食事やトイレをどうするかということを考えておく必要がある。

とくにサイクリングロードのコース沿いにはコンビニはない。林道や農道などを走る場合も同じだ。

コンビニやトイレがどこにあるのか、サイクリングに出かける前に調べておいたほうがいい。コースから近いコンビニをチェックしておこう。

とくにトイレの場所は、何ヵ所もわかっていたほうが、心置きなく走ることができる。

事前に調べて当日は気ままに走ろう

立ち寄りたい観光スポットなどの営業時間、駐輪スペースなどを前もって確認しておこう。また、もしも走行不能になった際に、どう引き返すか、手段やルートも考えておくといい。

気になる
Q&A
［持ち物］

Q サイクリングのときに持っていくと便利なものは?

A 現金、水、カギは忘れずに持っていこう

自転車は車と異なり、いくら荷物を積んでも大丈夫という乗り物ではない。自転車の軽快な走りを楽しむには、持ち物はなるべく少なくする工夫が必要だ。とはいえ、必要なものは持たなくてはいけない。

欠かせないのが、現金。食べ物や飲み物を買うためだけでなく、いざとなったら交通機関を利用して帰れるくらいの金額は持ったほうがいい。地図も必要だし、携帯工具や予備チューブも持ちたい。駐輪したときのために、ワイヤー付きの鍵も忘れないようにしよう。

夜間は走らない予定でもライトはあったほうがいい。帰りが遅くなることもあるし、トンネルなどでも役立つ。

ヘルメット、アイウエア、グローブ身を守るグッズも忘れずに

水や食べ物も携行する必要がある。とくに水は常に切らさないようにし、いつでも飲めるようにしておこう。

ヘルメット、アイウエア、グローブなど、自分の体を守るためのグッズも忘れずに。また、もしものときに備え、簡単な救急用品もあるといいだろう。

advice

ひとりより仲間と走ったほうがもっと楽しい

仲間と走るのは、ひとりで走るのとは違う楽しさがある。インターネットは、自分の好みと実力に合ったクラブを探すのに便利だ。ショップを通じて仲間ができたり、イベントで、気の合う仲間が見つかることも。

携帯食
VitaminMate
MINI FOOD
千円
五千円
地図
雨具
現金
タオル
携帯電話
救急用品
ヘルメット
アイウエア
グローブ
ライト
カギ
携帯工具
ボトル
（飲み物）

気になる
Q&A
［盗難対策］

Q 自転車を盗まれないために気をつけることは？

A 自転車から目を離さないのが一番。離れるときは2個以上の施錠を

自転車は盗まれることがある。とくにスポーツバイクは高価なのに加え、きわめて軽量。クイックレリーズ（115ページ参照）で車輪が簡単にはずせる。まさに盗難にあいやすい自転車なのだ。サイクリングの途中で盗まれると、帰る手段を失うことになるので、自衛しよう。

まず、駐輪するときには、できるかぎり自転車から離れないようにする。休憩するときでも、自転車を視界に入れておくようにする。何人かで出かけた場合なら、交替で見ているようにするといい。

自転車から離れるときには、かならず

●駐輪するときの心得

! できるかぎり離れない

! かならず施錠をする

! 変速機やフレームを傷つけないように止める

advice

防犯登録をしておこう

自転車を購入するとき、防犯登録をしておくといいだろう。車体番号が警察に登録されるので、盗難にあったとしても、探すことができるし、見つかる可能性も高くなるんだ。

●施錠のポイント

2種類以上のカギを使う

盗難防止のために、カギは２種類以上使ったほうがいい。前輪、後輪、サドルなどのパーツも、構造物にくくりつけるとさらにいい。

構造物にくくりつける

車輪とフレームにワイヤーをかけて施錠しても、軽々と運べてしまう。ガードレールなど動かすことのできない構造物にくくりつけておく。

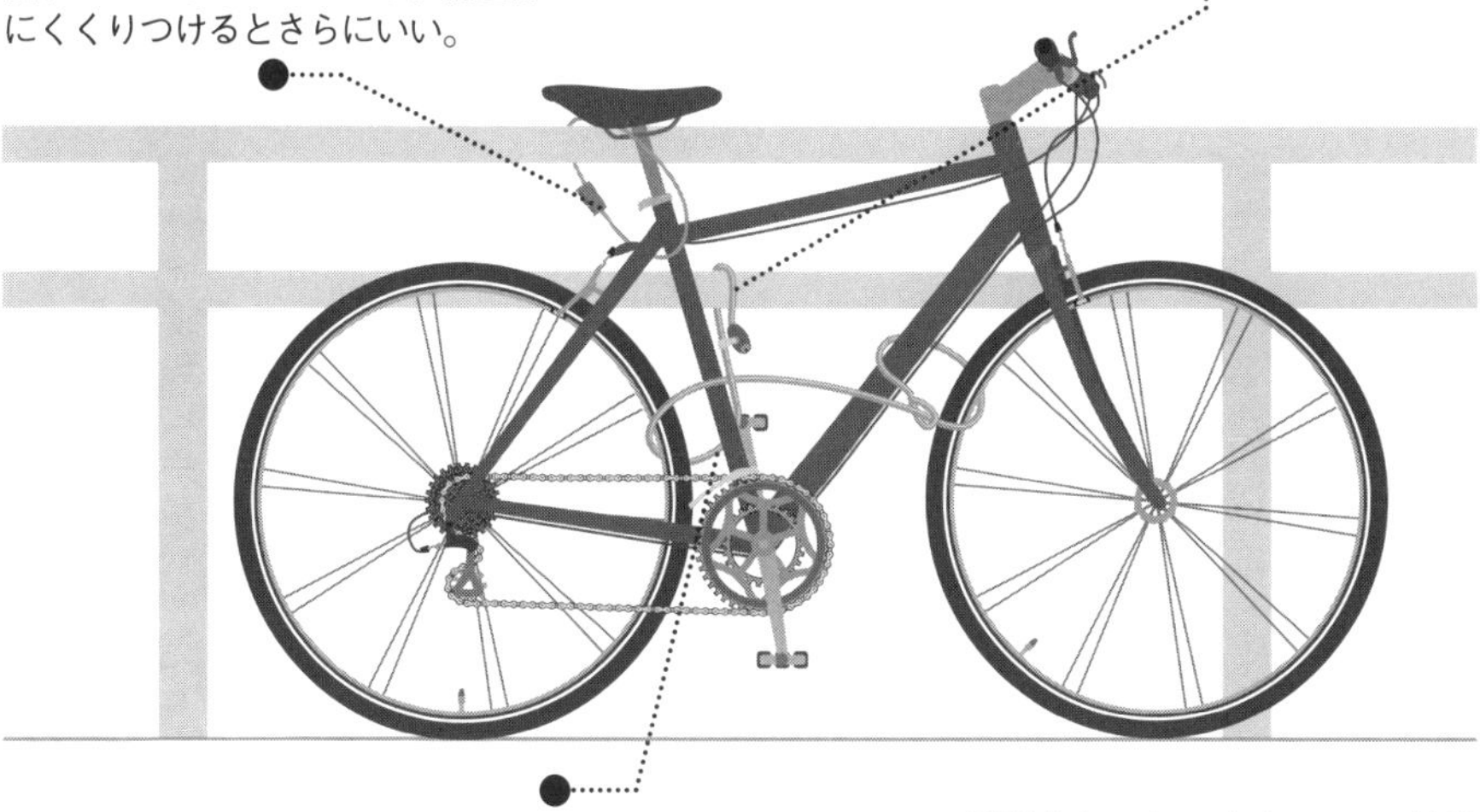

フレームとタイヤとサドルをくくる

フレームと構造物をつないだだけでは、前後の車輪やサドルが盗まれる危険性がある。長いワイヤーで車輪やサドルもくくりつける。

施錠する。トイレに行くような短い時間でも安心できない。

施錠するときには、ワイヤーなどでガードレールなどの構造物につなぐのがコツ。前輪と後輪にもワイヤーを通しておこう。

スタンドのないスポーツバイク。止めておくときのポイント

スタンドがない自転車を止めるときには、何かに立てかける。このとき、壁などに立てかけ、ハンドルとサドルを壁につけるようにすると、フレームを傷つけずにすむ。電柱や立ち木に、フレームをつけて立てかけるのは、傷つける原因になるのでやめたほうがいい。

立てかけるところがなければ、自転車の右側を上にして倒しておく。右側を上にするのは、チェーンに土がついたり、変速機が曲がったり傷つくのを防ぐためだ。

Q 旅先に自転車を持っていきたいのですが……

A スポーツバイクは気軽に持ち運べる

知らない町へ旅に出るときこそ、その土地の風を感じながら、自転車で走り回りたい。自転車の持ち運びは、それほどむずかしくない。

自動車移動なら、そのまま車にとりつけて運ぶことも可能だ。電車などの公共機関を利用する場合は、基本的に、分解して専用の袋（輪行袋）に入れれば、荷物と同じく持ち運べる。分解といっても、前後の車輪をはずして（115ページ参照）、破損を防ぐための金具やベルトをつけて袋に入れるだけ。輪行袋を購入する際に使い方も教えてもらおう。

advice

レンタサイクルで楽しむのも一法だ

愛車とあちこちへ行くのもいいが、自転車を運びにくい観光地なら、レンタサイクルを現地で借りるのもひとつの方法だ。サイクリングロード沿いならレンタサイクルも見つけやすい。事前に調べていこう。

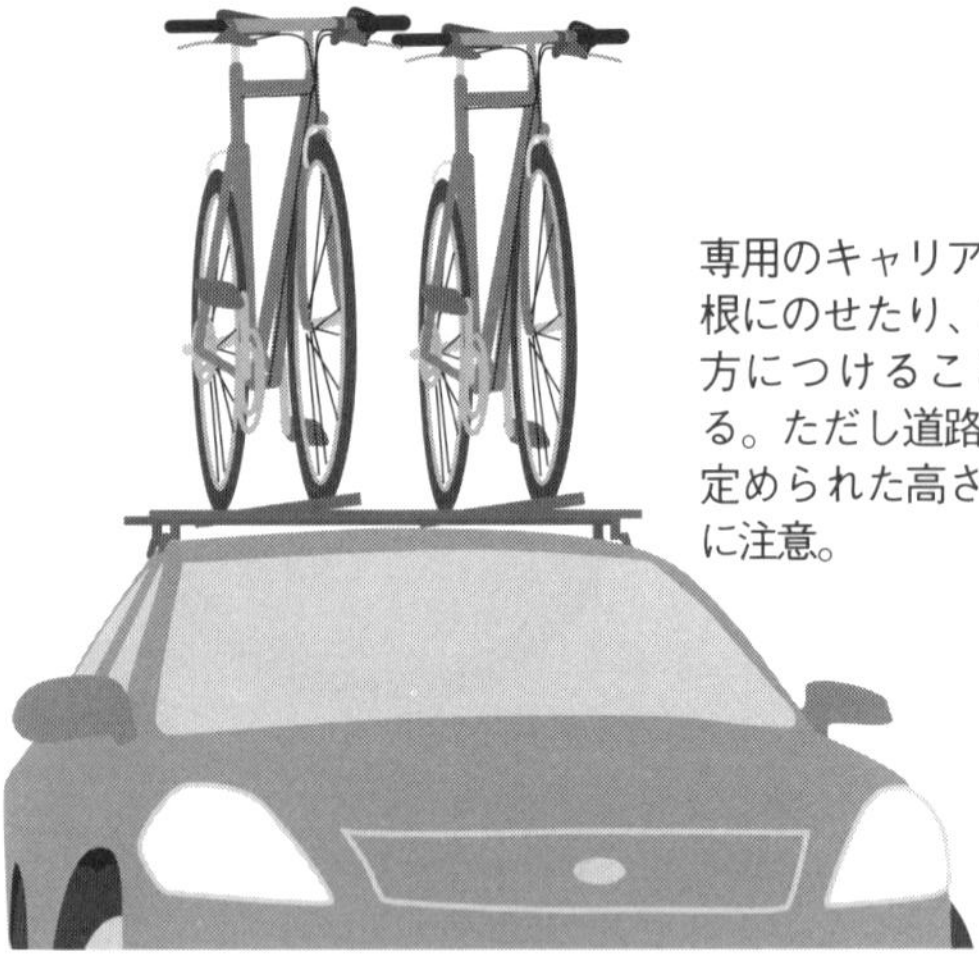

専用のキャリアで車の屋根にのせたり、車体の後方につけることができる。ただし道路交通法で定められた高さ制限などに注意。

ほかの人の邪魔にならない隅に置く。混雑する時間帯は避ける。

電車

料金 JR各社は無料。私鉄は持ち込みの可否、料金ともに確認を。

方法 タイヤなどをはずして小さく分解し、専用の袋（輪行袋）に収納すれば、そのまま乗れる。

長距離バス

料金 持ち込みの可否、料金ともに確認を。高速バス、空港連絡バスなどは持ち込み可能なことも。

方法 折りたたむか、分解したうえで、輪行袋に入れたものを荷物室に預ける。

船・フェリー

料金 輪行袋に入れた場合、無料のことが多い。そのまま持ち込む場合は別料金。確認を。

方法 輪行袋にまとめたものを手荷物として持ち込むか、自転車をそのまま持ち込むことも可能。

飛行機

料金 各社が規定している預かり手荷物の重量の範囲に収まれば無料。確認を。

方法 輪行袋に入れる、分解して専用ケースやダンボール箱に入れるなどして預ける。破損や傷を防ぐため、丁寧な梱包を。

●まっすぐ走ることが大切

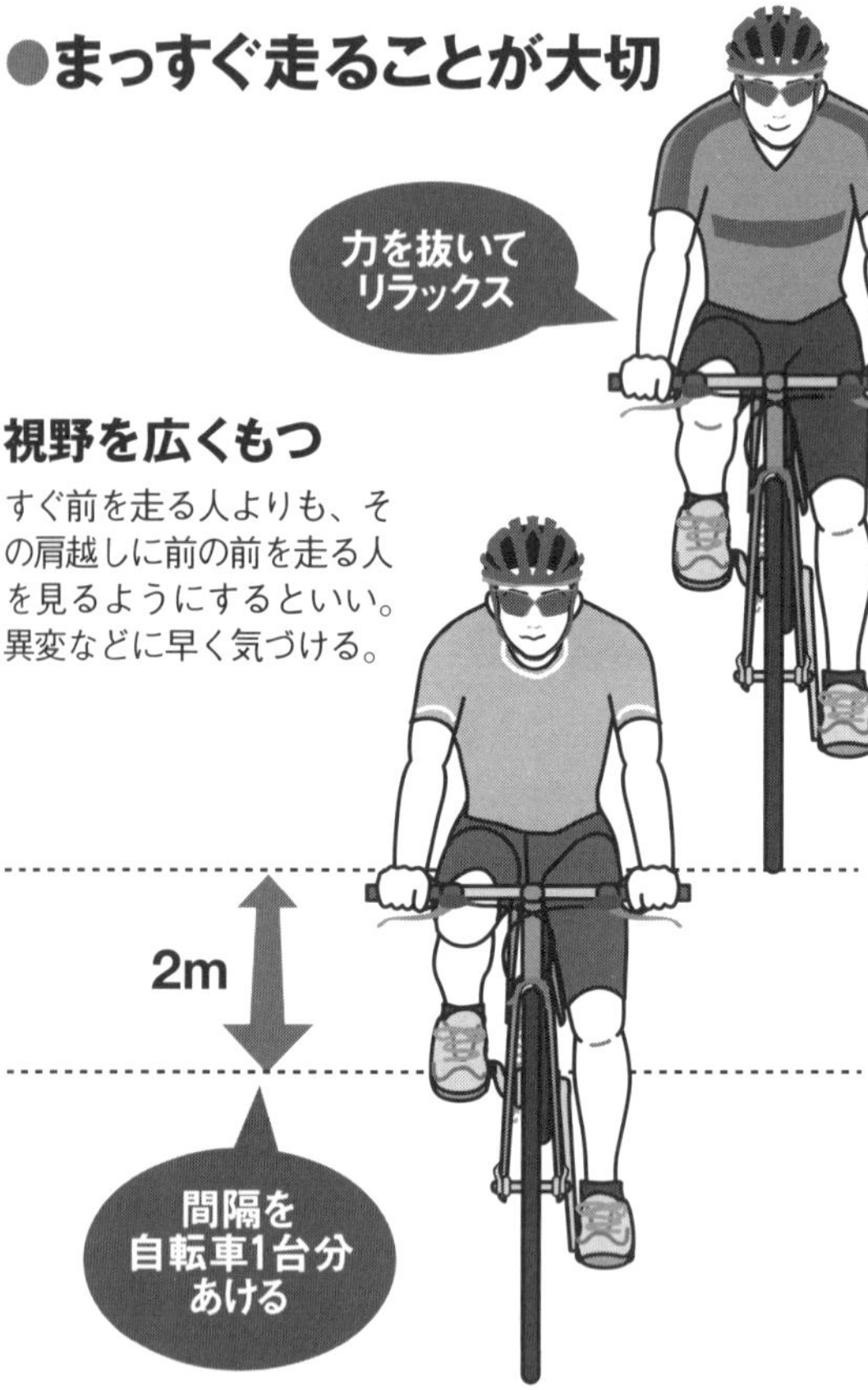
力を抜いて
リラックス
2m
間隔を
自転車1台分
あける

視野を広くもつ

すぐ前を走る人よりも、その肩越しに前の前を走る人を見るようにするといい。異変などに早く気づける。

Q 仲間と数人で走るときぶつかりそうで怖いのですが？

A 声かけや手信号で自分の動きを仲間に知らせる

グループで走るのは、慣れないうちは怖いものだ。怖いと感じたら、車間距離をあける。自転車1台分くらいあければ、安心して走ることができる。

まっすぐ走る練習もしておこう。フラフラすると、集団で走るときにはかなり危険。安定してまっすぐ走るには、上半身をリラックスさせるといい。

むやみにコースを変えたり、集団内での位置を変えたりしないことも、安全につながる。ちょろちょろ動いて場所を変えるのは、接触の危険性を高めることになるからだ。また、一般道路での併走は

●覚えておきたいハンドサインの例

停止するとき

腰の横に手を伸ばし、手のひらを後ろの人に見せるようにする。ブレーキをかけながら、サインを出すため、ふらつかないように注意。

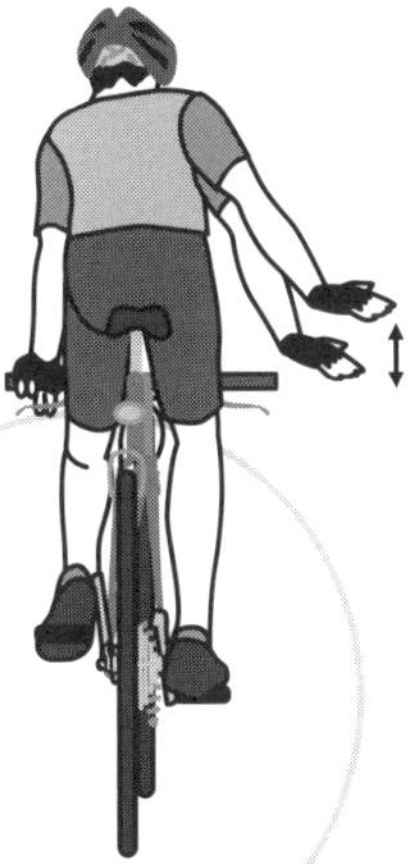

スピードを落とすとき

手のひらを地面と水平にし、上下に動かす。一定ペースで走っていたのに、急にペースを落とすようなときに使う。

危険物が落ちているとき

危険物を避けながら、早めに指で指し示す。路面の段差や穴など、危険な路面状況も知らせるようにしよう。

曲がるとき

曲がる方向に腕を水平に伸ばすか、曲がるのと反対側の腕を出してひじを垂直に曲げる。左側を走るため、サインは右腕のほうがいい。

法律で禁止されている。

後ろを走る人は前方が見えにくい

スピードを変えたり、曲がったり、止まったりするときには、前を走る人が手でサインして後続に知らせる。仲間内でサインを決めて覚えておこう。道路に障害物が落ちているようなときにも、ハンドサインを使うといい。

片手を離すのが怖い人は、無理にハンドサインを使わず、声で知らせる。後ろから車がきているときには、後方の人が声をかけて前の人に知らせよう。

気になる
Q&A
［走力アップ］

Q 長い距離を走るためにはどんな練習が効果的ですか？

A "いつも同じ"ではなく距離や時間、ペースに変化をつけて

初心者が長距離を走る力をつけるには、なるべく自転車に乗る機会を増やし、なるべくたくさん乗り、自転車に慣れるのが近道だ。

それによって、必要な体力が徐々についてくるし、ギアチェンジなどのテクニックも身につく。

むずかしく考えず、自転車に乗る時間を増やすことからはじめよう。

1週間単位のざっくりした目標を決める

できれば毎日乗るのが望ましい。短く

目標を立てる

漠然と「長く走りたい」というより、「100㎞を完走する」「○○大会に出場する」など、具体的な目標に向けて、走ることを考えよう。

ペダルの回転数を一定にする

ケイデンス（1分間のペダル回転数）を90前後にすると、疲労せずに距離を延ばせる。90回転を無理なく維持できる重さのギアを選ぶ。

フォームを崩さない

長い距離を走って疲れたときこそ、正しいフォームやロスの少ないペダリングを保つことが大切だ。苦しいときこそ初心に返る。

記録をつける

次回以降の資料にするためにも、モチベーションを保つためにも、練習のデータを残す。サイクルコンピュータを装備し、距離、時間、平均速度、最高速度などを記録しておくとよい。

●少しずつ走る時間（距離）を長くする

短い乗車時間で休憩をはさむことからはじめ、1回に走る時間を徐々に延ばしていく。「10分走って5分休憩」→「20分走って5分休憩」→「30分走って5分休憩」という具合にする。1時間走ったら10分くらいしっかり休むのが基本。それが長距離走行を可能にする。

初心者は
10分おきに休む

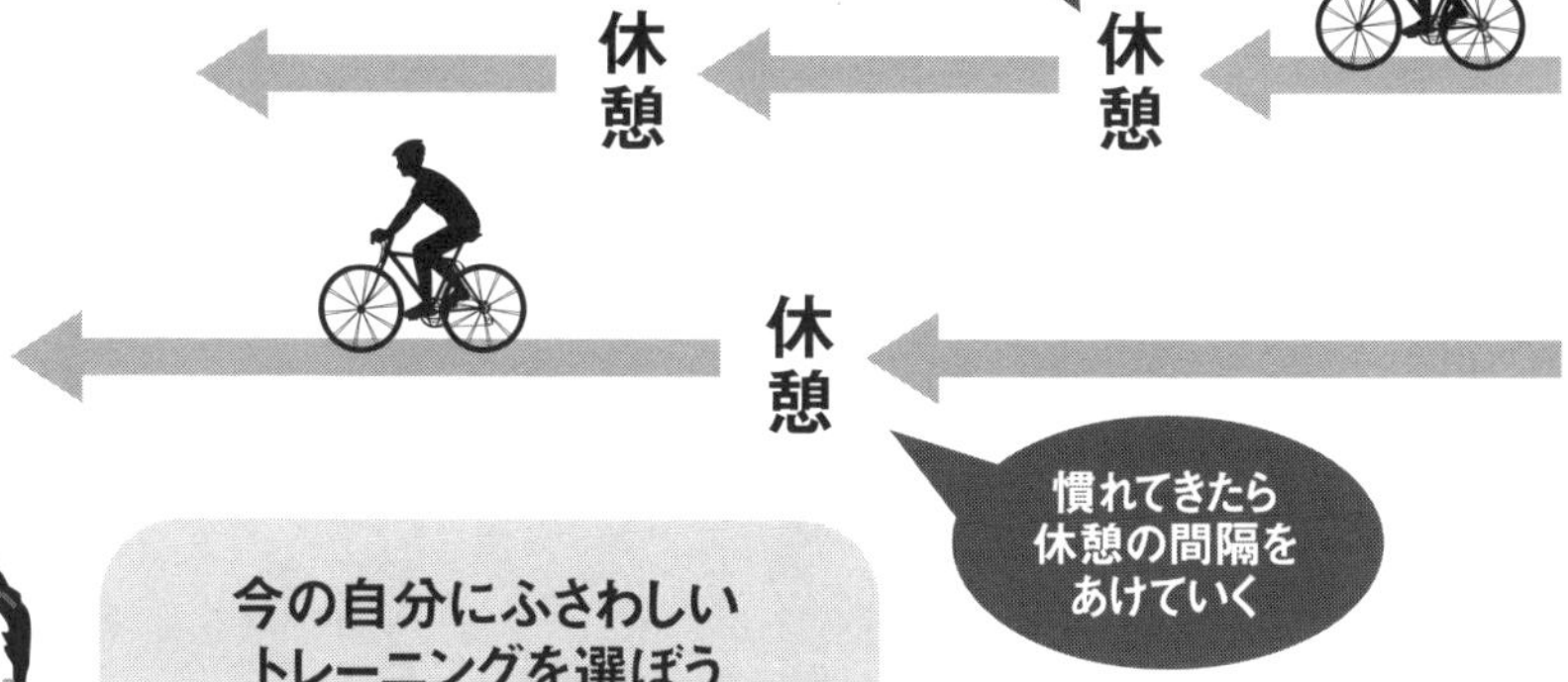
休憩
休憩
休憩
慣れてきたら
休憩の間隔を
あけていく

今の自分にふさわしいトレーニングを選ぼう

トレーニングは体力、経験、そして目標に合わせて、現実的で無理のないものにする。楽しむための自転車なのに、過度な練習で体を壊したり、走るのが嫌になってしまっては逆効果だ。

てもいいので時間を作り、乗るようにすると進歩が早い。１週間に何時間走るという目標を立てると、決まった時刻に走れない人でも目標を達成しやすい。

長く走れるようになったらペースを変化させて

トレーニングでは、まずゆっくり長く走れるようにしよう。息切れしないペースを守るのが、長時間トレーニングを乗り切るコツだ。

最初はこまめに休憩をとるようにし、徐々に続けて走る時間を長くしていくとよい。

合計２～３時間楽に走れるようになったら、速いペースで走ったり、アップダウンのきついコースを走ったり、ラストだけペースを上げたりする。

バリエーションに富んだトレーニングが、効率よく実力を向上させてくれるはずだ。

気になる
Q&A
［道選び］

Q 初心者に向くサイクリングロードとはどんな道ですか？

A 車も人も少ないところがベスト。自転車専用道路がおすすめだ

自転車で走っていて快適なのは、なんといっても車の少ない道路。とくに初心者は、安全のためにも、車を気にせず走れるコースを選ぶようにするといい。

車の通行量は曜日や時間帯でも大きく異なる。たとえば、平日の昼間は車があふれている都心部も、休日の朝はがらんとしている。工場が立ち並ぶ地域も、休日だとトラックが消えて走りやすい。

自転車専用道なら、車を気にしなくてよく、走るのに理想的だ。

河川に沿って作られていることが多く、ほとんどが平坦なのもいい。この点でも、初心者に適したコースと言えるだろう。

自分だけのお気に入りコースを見つける

できるだけ自宅の近くに、走りやすいお気に入りコースを見つけておくといい。車が気にならず、信号に止められることが少ないコースだとなおいいだろう。

海や湖に沿って走るコースは、交差する道路がないので、比較的安心して走れる。住宅地なら、行き止まりの道は交通量が少なく走りやすい。

advice

自転車だからこそ まわりの景色も楽しもう

自転車だって、わき見運転は危険だ。しかし、車よりスピードが遅い分、まわりの景色がよく見え、楽しめる。ちょっと止まって写真を撮るのも気軽だ。音を聴き、匂いをかぎ、風を肌で感じる。五感をフル活用して走ろう。

●こんな道は避けたい

×
車の往来が激しい
ゴミが多い・散乱している
人が多い
路上駐車が多い

point

休日の観光地は混雑している

有名な観光地の周辺は、休日に渋滞することが多い。団体客や家族連れなど、歩道を歩く観光客も増えるため、走りやすさを考えるなら、避けたほうがいい。

サイクリングコース

風を切って走ろう 走りやすい道を

北海道

オホーツク自転車道

網走からサロマ湖へと湖やオホーツク海を眺めながら走る。全長約40㎞。

釧路《くしろ》阿寒《あかん》自転車道

釧路市から阿寒町まで全長約25㎞。丹頂鶴の飛来する釧路湿原の横を抜ける。

福島県

楢葉《ならは》町サイクリングターミナル（展望の宿 天神）

双葉郡にある天神岬スポーツ公園の一角。幼児用の自転車からスポーツ車、電動アシスト車まで多彩な貸自転車がそろっている。

栃木県

宇都宮市サイクリングターミナル

自転車競技の世界選手権で使われたコースもある。ファミリー向けの5㎞コースから、30㎞のロングコースまでさまざま。

群馬県

利根川・江戸川サイクリングロード

群馬県渋川市から千葉県の舞浜大橋まで約170kmの川沿いコース（一部一般道）。群馬県庁発行の地図が便利。

千葉県

太平洋岸自転車道

九十九里を通る60㎞超の海沿いコース。房総半島を抜け、太平洋岸を紀伊半島まで結ぶ構想があるが未完。

サイクリングターミナル

サイクリングロードを走るときなどの拠点に便利。レンタル自転車や自転車用の倉庫が備わっており、宿泊することもできる。詳細はホームページhttp://www.j-cycling.org/ct/index.htmlを。

自転車で快適に
好きなだけ走れる道を探す

国土交通省が発表しているサイクリングロード（大規模自転車道）は、自転車が安全で快適に走れるよう整備されている全国135の道だ。ホームページhttp://www.bicycle-road.jp/road/index.phpで、人気の路線や近所の路線を調べることができる。

秋田県

秋田男鹿《おが》自転車道

秋田市から男鹿市まで全長約40㎞。ほぼ全線が海沿いにあるため、眺望がよい。

山形県

さくらんぼ サイクリングロード

西川町から山形市まで全長約40㎞。のどかな田園風景を眺めながら走る。

長野県

あづみ野 やまびこ自転車道

穂高〜松本間を走るのがおすすめ。山々や田園風景を眺めながら、のんびり走ることができる。

埼玉県

荒川自転車道

さいたま市から滑川町にある武蔵丘陵森林公園まで北上する全長50km弱のコース。

山梨県

山中湖自転車道

雄大な富士山を眺めつつ、山中湖を周回するサイクリングコース。約15㎞。レンタサイクルもある。

東京都

多摩湖自転車道

西東京市から多摩湖を回って東村山市まで約20㎞。自転車専用のトンネルを抜けるなど、楽しい。

荒川サイクリングロード

板橋区の笹目橋から葛西臨海公園まで荒川沿いを海に向けて走る。整備された一本道で初心者も安心。

神奈川県

一般県道 藤沢大和自転車道

境川に並行して鵠沼海岸から北上する20㎞超のコース。途中、一般道に入るため注意を。

兵庫県

波賀町サイクリングターミナル（楓香荘）

道の駅「はが」近く。引原川沿いや渓谷の中を走る10km強のコース。

石川県

富来《とぎ》サイクリングターミナル

（ファミリーホテルますほ）

能登半島の海岸線近く。文学碑めぐりなど、約6kmから22kmの5つのコースがある。

奈良県

橿原《かしはら》市サイクリングターミナル（千輪荘）

新沢千塚古墳群が近くにある。畝傍山、耳成山、香久山の大和三山サイクリングコース（約15km）など。

岐阜県

長《なが》良《ら》川《がわ》清流自転車道

岐阜市から美濃市まで全長約25kmを整備中。美濃市の市街地では歴史ある町並みを楽しめる。

大阪府

北大阪周遊自転車道

大阪市と吹田市を結ぶ約20km。淀川の河川敷を通るコース。途中、一般道も入るので注意を。

なにわ自転車道

大阪市内を淀川、神崎川に沿って海へ向けて進む。約20km。

愛知県

豊《とよ》田《た》安城《あんじょう》自転車道

豊田市から安城市まで明治用水に沿って走る約36km。途中に、三連水車などの見どころも。

三重県

磯辺大王自転車道

磯部町と大王町を結ぶ約18km。山のなかや海沿いなどを走るサイクリングコース。

サイクリングロードには、自転車仲間のほか、ジョギングや散歩をする人もいる。左側を走り、歩行者を優先してマナーを守ることが大切だ。

土地の高低差がひとめでわかる東京グリーンマップ

自転車に乗る側の目で作られた東京グリーンマップという地図が便利だ。オンライン版もあるが、プリント版は、その土地の標高によって色分けされているため、坂の場所、勾配がわかりやすい（HP http://green.k.tamabi.ac.jp/top）。

島根県

出雲路自転車道

平田市と大社町を結ぶ約30kmのサイクリングコース。出雲大社や宍道湖、川、海を眺めながら出雲平野を走る。

福岡県

ひびき灘自転車道

遠賀郡と宗像市を結ぶ30kmのサイクリングコース。「さつき松原」と呼ばれる松林や川沿いを走る。

広島県・愛媛県

瀬戸内海横断自転車道

尾道市から今治市まで、瀬戸内海の島々を結ぶ全長約80kmのコース。海峡を横断する日本初の自転車道。レンタサイクルもあり、沿線にある14ヵ所のターミナルで貸出・返却ができる。

大分県

耶馬溪《やばけい》町サイクリングターミナル

アップダウンが少なく、鉄橋やトンネルを通る全長36kmのメイプル耶馬サイクリングロードがおすすめ。近隣には温泉もある。

香川県

小豆島《しょうどしま》一周サイクリング

壺井栄の小説「二十四の瞳」の舞台。サイクリングコースを一周すると、約90km。観光客や車に注意。

沖縄県

沖縄のみち自転車道

那覇市と玉城村を結ぶ30km強のコース。夏場は熱中症に注意。未整備部分の走行にも気をつけて。

高知県

黒潮《くろしお》四万十《しまんと》自転車道

四万十川沿いを悠々と走ることができる40km強のサイクリングコース（一部整備中）。中村市と幡多郡を結ぶ。

自分のレベルに合ったイベントに参加する

気持ちよくゴールできるイベントを選ぶ

スポーツバイクの楽しみを広げるには、レースやツーリングなどのイベントに参加してみるといい。レベルは実にさまざまで、初心者が気楽に参加できるイベントもある。

ただ、どんなレベルなのかを調べないで参加してしまうと、辛い思いをすることになる。レースだったら、どんな実力の選手が集まり、制限時間はどうなっているか、といったことを調べておく。

ツーリングなら、走行距離と予定時間、それにコースの起伏などから、自分に走れるかどうかを判断して参加する。なんとか走りきれるイベントより、余裕をもってゴールできるイベントを選ぶようにしよう。

自分のペースを知っておくことが大切

自分にふさわしいイベントを探すためには、自分の実力を知っておくことが欠かせない。さらに、レースに出場するような場合には、自分のペースを守って走ることが大切。そのためには、実力を把握しておく必要がある。

信号のないサイクリングロードなどで、10～30㎞くらいの距離を走ってタイムを測ったり、1時間で何㎞走れるかを計測してみるといいだろう。

[かならず確認しておきたいポイント]

距離

自分が余裕をもって走れる距離かどうかが問題だ。初心者でも安心して参加できるイベントは、一般的に距離が短い。

コース・内容

ロードか山道か、競技会か草レースか、快走ツーリングか、のんびりサイクリングか、などを把握する。初心者は大規模なイベントを。

制限時間

道路を交通規制して行われるイベントには、制限時間がある。完走できるかどうかを判断する材料になる。

大会規模

数人規模から、数百人、数千人規模までいろいろある。初心者には、大規模でにぎやかなイベントがいい。

参加資格

初級、中級、上級などのレベルで参加資格を設けているイベントもある。参加資格なしなら初心者でもOK。

Q イベント前の準備と当日の注意点を教えてください

A 自転車のメンテナンスは1週間前にはすませておく

自転車を最良の状態にして臨みたいと考えるのは当然だが、前日に大がかりなメンテナンスを行うのは、やめたほうがいい。

変速機の不具合など、調整が必要な部分が出てくる可能性があるからだ。せめて1週間前には、メンテナンスを終了しておくのが基本。それから実際に走ってみて、細かな調整をしておくようにする。

イベント会場への移動には、輪行と車載という2つの方法がある。公共交通機関を使う輪行は、渋滞などによる遅れは

●当日のシミュレーション

起床

出発まで時間の余裕を持つために早めに起きる。軽いストレッチングで体を目覚めさせ、しっかりと朝食をとろう。水分をたっぷりとっておくことも大切。

イベント会場へ

遅刻しないことがもっとも大切。できればスタートの1時間半前には現地に着いていたい。車で行く場合には、時間の余裕をもって出発する。

受付・ウォーミングアップ

会場に着いたら、まず受付をすませ、そのあとでウォーミングアップ。入念なストレッチングを行い、自転車で軽く走っておくとよい。

イベント

イベント終了後

車の場合、渋滞に巻き込まれることが多い。それを避けるため、温泉で汗を流し、ゆっくり食事をしてから帰るということも考えられる。輪行なら、帰りの電車でビールもＯＫだ。

イベント後は、自分と愛車のアフターケアも忘れずに。マッサージなどで体を休め、自転車の汚れを落とし、点検する。

ないが、自転車以外の荷物をあまり持っていけないのが欠点。

一方、車載なら必要と思われる荷物は何でも持っていける。ただし、渋滞などで時間がかかることも考えて、余裕をもって出発したい。

「疲れたまま参加」ではもったいない

体のコンディションを整えておくことも大切だ。意気込みすぎて、直前にハードなトレーニングをしないように注意しよう。

疲労や筋肉痛が残っている状態では、いい走りができるはずがない。せっかく参加するのに、疲れたままの状態で走るのではもったいない。

前日の深酒や睡眠不足も、当日の走りに影響する。危険を回避する意味でも、よい健康状態でイベントに参加するようにしたいものだ。

気になる
Q&A
［イベント］

Q 長距離のコースを無事に完走するコツは？

A 肩の力を抜いてまわりのペースに惑わされない

もっとも大切なのは、無理なペースで走らないこと。速いペースで走る人がいると、ついあせってしまう。とくに初心者ほど、自分を見失って、無理なペースで走ってしまいがちだ。しかし、息が切れるようなペースでは絶対に長続きしない。

軽めのギアを選び、肩の力を抜いて、話ができるようなペースで走るようにする。これなら、後半になってもペースは落ちない。前半に無理をすると、筋肉に疲労物質がたまり、後半走れなくなることがある。

水分、エネルギーの補給はこまめに少しずつとる

のどの渇きを感じなくても、走っていれば体内の水分は失われていく。水分不足がひどくなると、運動能力が低下するし、夏なら熱中症の危険もある。スタート直後から飲み続けることが大切だ。

距離が長くなれば、エネルギーの補給も必要。体内のエネルギー源を使い果たし、体が動かなくなる状態をハンガーノックという。これを防ぐために、空腹を感じる前から食べておくようにしよう。

advice
けいれんしてしまったら……

けいれんしそうなときは、一旦止まってストレッチをしよう。けいれんした場合は、その筋肉をゆっくり伸ばしてやると症状が和らぐ。可能なら再度走ろう。予防には十分な水分補給が大切。バナナもおすすめだ。

疲れる前に休む

長距離を完走するには、適度な休憩をはさんだほうがいい。疲れきってから休むのではなく、時間を決めて休憩を入れよう。疲れずに走り続けるのが完走のコツだ。

point

休みすぎもよくない

休憩が長すぎると、体が冷えてしまい、快適に走り出せない。ストレッチングを行ったりして、筋肉の血流を低下させないようにする。

お腹がすく前に食べる

走っていて空腹を感じたら、血糖値が低下している証拠。そのまま走り続けるとハンガーノックを起こす危険がある。それを防ぐためには、お腹がすく前に食べるようにしよう。

のどが渇く前に飲む

のどが渇いたと感じたときには、もう体の水分不足はかなり進んでいる。のどの渇きが起きないように飲み続けるといい。スポーツドリンクなら、塩分（ナトリウム）も補給できる。

advice

休憩所では飲んで、食べて、飲む

イベントによっては、休憩所にドリンクや果物、パンなどが用意されている。長距離を走るなら、お腹がすいたと感じなくても食べるようにしたいね。

見て、参加して自転車の面白さを満喫する

大会名　全道サイクリング大会

開催地　北海道内
開催時期　8月（年によって異なる）
内容　サイクリング。北海道の地域が回り持ちで開催している。
参加資格　要問い合わせ
問合せ先　北海道サイクリング協会
http://www13.plala.or.jp/hca/

［誰でも参加できるサイクリング大会］

いきなりレースデビューをするよりも、まずはサイクリング大会に参加するといい。速さを競ったり、自分の限界に挑戦したりするのではなく、楽しく走ることを目的にして参加する。

大会名　東京シティサイクリング

開催地　東京都内
開催時期　9月
内容　約35㎞。都庁や皇居、神宮外苑をはじめとする都内の観光スポットをめぐるコース。
参加資格　10歳以上の健康な男女で、大会コースを完走できる自信のある方
問合せ先　日本サイクリング協会内 東京シティサイクリング実行委員会　TEL03-3583-5628

大会名　東北サイクリングフェスティバル

開催地　東北地方
開催時期　9月（年によって異なる）
内容　サイクリング。東北地方の各県が回り持ちで開催している。
参加資格　要問い合わせ
問合せ先　福島県サイクリング協会 福島県自転車商協同組合内　TEL024-922-5881

近畿サイクリングフェスティバル

大会名 近畿サイクリングフェスティバル

開催地 近畿地方
開催時期 11月（年によって異なる）

内容 サイクリング。近畿地方の各県が回り持ちで開催している。

参加資格 要問い合わせ

問合せ先 大阪サイクリング協会 http://www.kcsc.or.jp/oca/

関東甲信越ブロックサイクリングラリー

大会名 関東甲信越ブロックサイクリングラリー

開催地 関東甲信越地方
開催時期 9月（年によって異なる）

内容 サイクリング。関東甲信越地方の各県が回り持ちで開催している。

参加資格 要問い合わせ

問合せ先 東京サイクリング協会 http://tokyo-cycling.web.infoseek.co.jp

中国・四国ブロックサイクリング大会

大会名 中国・四国ブロックサイクリング大会

開催地 中国・四国地方
開催時期 7月（年によって異なる）

内容 サイクリング。中国・四国地方の各県が回り持ちで開催している。

参加資格 要問い合わせ

問合せ先 広島県サイクリング協会 ㈶中国自転車会館内 TEL082-241-3581

中部日本サイクリング大会

大会名 中部日本サイクリング大会

開催地 中部地方
開催時期 9月（年によって異なる）

内容 サイクリング。中部地方の各県が回り持ちで開催している。

参加資格 要問い合わせ

問合せ先 愛知県サイクリング協会 http://www.geocities.jp/acaturudo

全九州サイクリング大会

大会名 全九州サイクリング大会

開催地 九州地方
開催時期 12月（年によって異なる）

内容 サイクリング。九州地方の各県が回り持ちで開催している。

参加資格 要問い合わせ

問合せ先 福岡県サイクリング協会 http://www.woodssite.net/FCA/top.htm

達成感にやみつきになるロングライド

長距離コースを、速さや順位を競わず、自分のペースで制限時間内の完走を目指して走る。1日のイベントから2〜3日かけて300km近く走るイベントまでいろいろある。参加資格をよく確認しよう。

大会名 スポニチ佐渡ロングライド210

開催地	新潟県佐渡島
開催時期	5月（開催年による）
内容	210km、130km、80km、40kmコースがある。
参加資格	小学生以上の健康な男女（小学生は保護者同伴）
問合せ先	スポニチ佐渡ロングライド事務局 www.sado-longride.com

大会名 宮城県センチュリーライド

開催地	宮城県名取市
開催時期	6月（開催年による）
内容	40kmから200kmまでのコースから選べる。他県のサイクリング協会でも同様のイベントがある。
参加資格	制限時間内で完走できる15歳以上
問合せ先	宮城県サイクリング協会 http://sendai.cool.ne.jp/kadooka/

大会名 渥美半島ぐる輪サイクリング

開催地	愛知県田原市
開催時期	10月後半（開催年による）
内容	半島を一周しながら蔵王山登頂を含めた92km、気軽な65km、ファミリー向けの31kmコースなど。
参加資格	小学生以上で安全にマナーを守って走れる健康な方
問合せ先	渥美半島ぐる輪サイクリング実行委員会 TEL052-321-6571

自分の足で進むごとに風景が変わっていくことも、走る喜びのひとつだ。ゴールしてしまうのが、もったいなく感じてくるよ。

大会名 ホノルルセンチュリーライド

開催地	ハワイオアフ島
開催時期	9月
内容	20マイル（約32km）から100マイル（約160km）まで６つのコースから選べる。
参加資格	健康な男女。ただし、14歳以下は保護者の同伴が必要
問合せ先	ホノルルセンチュリーライド受付事務局 TEL03-3541-1606

見て、参加して楽しめるイベント

ロードレースやMTBレースは観戦するのも楽しい。初心者でも挑戦できるカテゴリーのレースや、サブイベントのツーリングやサイクリングなどのイベントに参加することもできる。

大会名 シマノ 鈴鹿ロードレース

開催地	三重県鈴鹿市
開催時期	8月（開催年による）
内容	プロ選手が競う国際ロードレースの観戦のほか、年齢・レベル別の種目や体験走行、抽選会なども楽しめる。
参加資格	要問い合わせ
問合せ先	シマノサイクルスポーツイベント事務局www.shimano-event.jp

大会名 シマノ もてぎロードレース

開催地	栃木県芳賀郡
開催時期	4月（開催年による）
内容	ロードレース、耐久、MTBレース、キッズレースなど多彩なレースのほか、各種講習会や試乗会なども。
参加資格	要問い合わせ
問合せ先	シマノサイクルスポーツイベント事務局www.shimano-event.jp

大会名 ツール・ド・おきなわ

開催地	沖縄県北部地域
開催時期	11月
内容	UCI公認男子チャンピオンレースのほか、市民レース、本島1周センチュリーライドなども同時開催。
参加資格	種目により異なる
問合せ先	ツール・ド・おきなわ協会 http://www.tour-de-okinawa.jp/

大会名 全日本マウンテンサイクリングin乗鞍

開催地	長野県松本市
開催時期	8月
内容	国内でもっとも標高差のあるヒルクライムレースのひとつ。MTB、ロード各クラスあり。
参加資格	16歳以上
問合せ先	日本サイクリング協会 http://www.j-cycling.org

大会名 スズカ8時間エンデューロ

開催地	三重県鈴鹿市
開催時期	10月下旬～11月上旬
内容	3時間、4時間、6時間、8時間の耐久レースのほか、ロードレースもある。
参加資格	18歳未満は保護者の同意が必要
問合せ先	スズカ8時間エンデューロ大会事務局　http://suzuka8h.powertag.jp/

情報は2007年8月のものです。

満員電車のストレスから解放。毎日の通勤がエクササイズに変わる

速い、安い、楽しい、そして健康にいい

自転車愛好家たちは、自転車での通勤を「ジテツウ」と呼んでいる。

その魅力は、まず、速い。駅まで歩く必要がない、電車やバスの乗り換え時間がない、渋滞に巻き込まれることもないからだ。さらに、交通費がかからない。それでいて、満員電車の辛さを味わうこともなく、実に快適。健康によく、ダイエットに効果的なのもうれしい。

ただし、仕事の前後に走るのだから、1時間程度で走れる20㎞くらいまでが、適した距離といえる。家が遠い場合は、家から途中の駅まで自転車で走ればいい

advice

遅れそうなときはタクシーも辞さず、だ

遅刻せずに職場に着くために、時間の余裕を見て家を出るようにしよう。それでも何らかのトラブルで遅れそうになったら、タクシーを使うべきだな。前輪をはずせばトランクに入る。輪行袋があれば、さらにいいね。

荷物

量に合わせてバッグを使い分ける

携帯工具のほか、仕事の道具や着替えなど、何かと荷物があるのが自転車通勤の特徴だ。荷物の量に合わせて、適当なバッグを利用する（P172参照）。

point

ライト・カギ・携帯工具を忘れずに

帰宅は夕方から夜になるので、ライトはどうしても必要。駐輪する際に使うカギや、パンクなどの故障を修理するための工具も、忘れずに持っていくようにする。

だろう。毎日自転車で通う必要もない。週に1~2回からはじめ、無理がなかったら日数を増やしていけばいい。

たとえ遠まわりでも安全に走れるルートを選ぶ

ルートは、混雑する幹線道路より、遠まわりになったとしても、交通量の少ない安全なコースを選んだほうがいい。前もってコースを調べ、実際に走ってみて、どのくらい時間がかかるかを調べておこう。休日と平日では、道路の込み具合は大きく違うことがある。注意しよう。

服装

スポーツウエアで通勤して会社で着替えるほうが快適

スーツなどで走る方法もあるが、これだと季節によっては汗が心配。スポーツウエアで通勤し、到着後に着替えるほうが快適だし、汗くささも気にならない。

もしものときに労災は適用される?

適用されるのは、自転車を合理的な通勤手段と会社が認めている場合だ。ただし、治療費や休業補償だけの場合もある。自転車通勤を禁止している会社では、労災はおりないよ。

bicycle column **4**

街中を駆け抜けながら文化も発信するメッセンジャー。世界大会も開かれている

働く自転車といえば、新聞配達や郵便配達が思い浮かぶ。

大都市近郊では、自転車便も目にする。自動車やバイクよりも小回りが利き、一方通行や渋滞が多いところでは速く届けられる。その日のうちに、時間指定で届けられるため、書類や原稿、フィルムなどの受け渡しに使われることが多い。

自転車便よりもメッセンジャーという言葉になじみのある人もいるかもしれない。1999年に東京を舞台にした『メッセンジャー』という自転車便の映画が公開され、認知度も増した。

メッセンジャーの歴史が長いアメリカのニューヨークやサンフランシスコでは、メッセンジャーたち独自の文化が生まれた。

近年、日本でブームになっているピストバイク（36ページ参照）もメッセンジャー文化から火がついたものだ。

メッセンジャーバッグは、書類が折らずに入り、出し入れが楽という理由でメッセンジャーたちが使うかばんだ。かっこいいからという理由で街でも人気がある。

近年は、メッセンジャーたちによる世界大会（CMWC）も開かれるようになった。メインレースではメッセンジャーの仕事そのものをシミュレーション。ほかにも、短距離のタイムを競う「スプリント」など多彩な種目が競われる。

Part 5 CUSTOMIZE

自分好みに愛車を改造する

タイヤやサドル、ペダルなどのパーツを交換。乗り心地やスピード感、走り方が変わる。手を加えることで愛着も深まる

バージョンアップ①

タイヤ
―手軽な交換で確実に走りが変わる―

advice

地面に接するパーツと体に接するパーツがカギ

タイヤやホイールといった地面に接するパーツと、ハンドル、サドル、ペダルといった体に接するパーツ。こういうパーツをかえると、快適さがはっきり変化する。自転車をバージョンアップしたいなら、覚えておくといい。

軽い走りを選ぶか乗り心地のよさを選ぶか

タイヤをかえると、走りはずいぶん変わる。たとえば、ロードバイクのタイヤには、細めのものと太めのものがあるが、高速で軽やかに走るなら、タイヤは細いほうがいい。しかし、路面からの衝撃を吸収する性能を重視するなら、太めのタイヤを選んだほうがいい。太めのタイヤにしたことによって、高速性能が犠牲になるのはしかたがない。

ロードバイクなら、チューブラータイヤという選択肢もある。このタイヤはチューブを包み込むように縫い合わされ、円筒形をしている。高圧でも乗り心地がよく、コーナリング性能に優れている。

路面にマッチしたタイヤにかえる

ＭＴＢやクロスバイクに乗っていても、走るのがいつも舗装道路なら、デコボコのついたブロックタイヤを、スリックタイヤに変えるとよい。オフロードでのグリップ力は低下するが、舗装道路での走りは大幅に改善される。

タイヤだけでなく、ホイールごと交換する方法もある。たとえば、普段用のほかに、長距離サイクリング用やオフロード用などのタイヤ&ホイールがあれば、簡単なつけかえだけで、1台の自転車で2通りの走りを楽しめる。

ロード系

タイヤの太さを変える

太めのタイヤ

路面からの振動を吸収する性能は高く、乗り心地はよくなる。路面との抵抗が大きくなり、高速での走行性能は低下する。

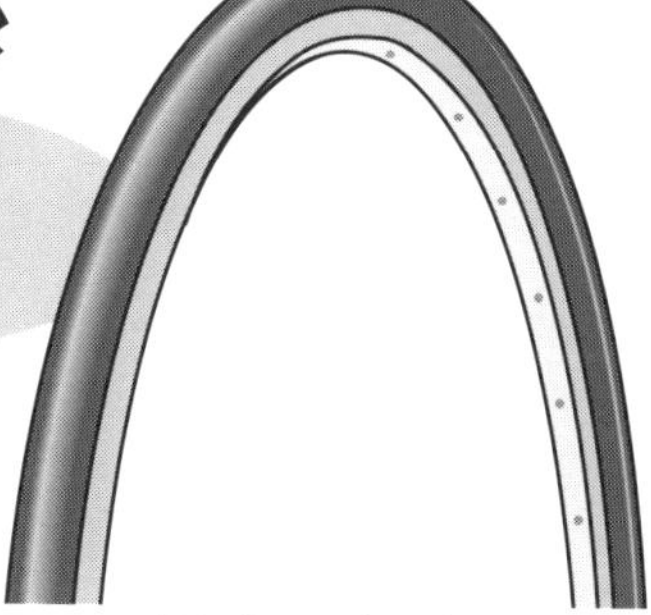

細めのタイヤ

路面との抵抗が小さいので、走りが軽くなり高速走行に適している。振動を吸収する性能は低く、長距離走行では疲れやすい。

MTB系

タイヤパターンを変える

ブロックタイヤ

荒地での走行や急な坂道などで、すぐれたグリップ力を発揮する。路面との抵抗が大きく、タイヤ自体の重量も大きい。

スリックタイヤ

ロードを走る場合、路面との抵抗はブロックタイヤより小さく、軽快に走ることができる。オフロードでのグリップ力は低い。

中に入れるチューブも軽量化できる

普通のチューブをライトチューブにかえれば、確かに走りは軽くなり、加速がよくなる。ただし、薄くなるのでパンクしやすくなってしまう。ただ軽ければいいのではなく、軽さと耐久性のバランスが大事だね。

バージョンアップ②

サドル
—相性は乗り込んでみないとわからない—

素材や形状などいろいろ試してみる

サドルが合うか合わないかは、本人でないとわからない。ただ、合わないと思っていても、実はセッティングの問題ということもある。

サドルが水平にとりつけられているか、サドルの高さは適切か、サドルの前後位置は適切か、などを確認して調整してみる。それでもだめなら、サドルをかえることを考えてみるといい。

合うか合わないかは、試してみないとわからない。材質、形状、硬さなどから、自分に合いそうなものを選び、長時間乗り込んでみよう。

●パッド入りパンツで快適ライド

サドルをかえるのではなく、お尻の側をかえて防御することも考えてみる。パッド入りパンツは、硬いサドルからお尻を守ってくれる。長時間走行のとき効果がよくわかる。

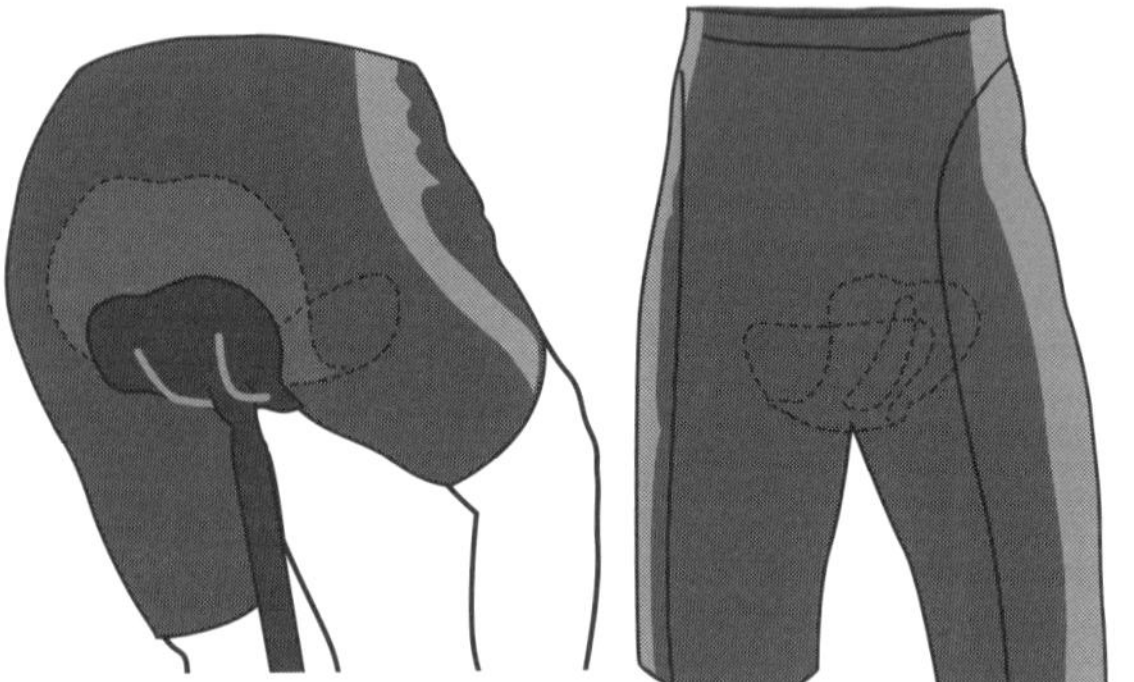

advice

クリームで股ズレを防ぐ

長時間走るときに、サドルとの摩擦で股ズレが起きることがある。こうなるとつらい。
予防法として、皮膚のすべりをよくして股ズレを防ぐクリームがある。心配な人にはおすすめだ。

素材をかえる

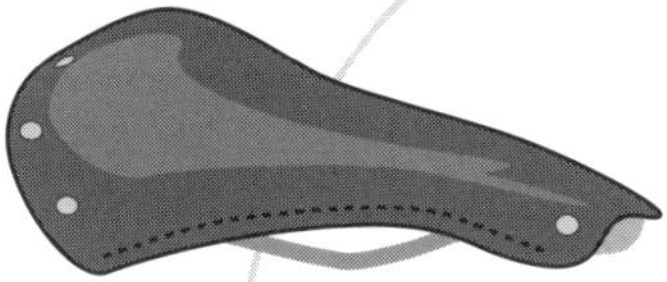

革サドル

専用クリームを塗って柔らかくし、長時間乗り込むことで、自分に合った形にしていくことができる。ツーリングに適している。

カーボン

軽量性を追求した超軽量サドル。カーボンは振動吸収性に優れているので、パッドはついていない。ロードバイク用。

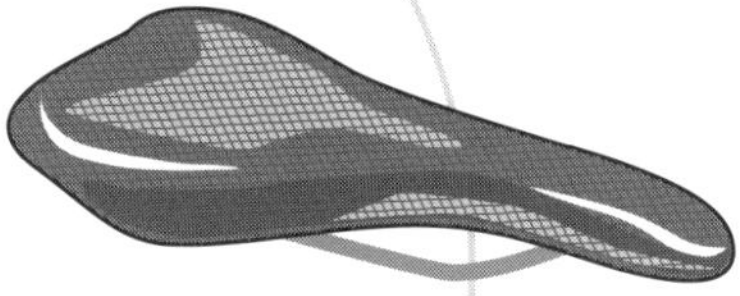

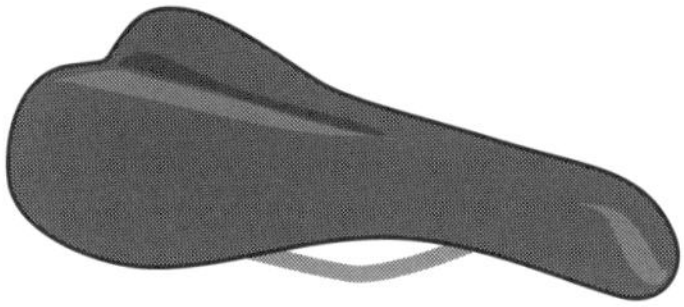

樹脂ベース

プラスチックなどの樹脂で作られたベースの上に、表皮に覆われた薄いパッドがついている。もっとも一般的なサドル。

形をかえる

幅広 ⇔ **幅細**

幅が広いほど快適性は高くなるが、前方部分の幅が広いとペダリングしにくい。前方部分の幅が細いほうがペダリングはスムーズだ。

穴あき

圧迫によって痛みが起きるのを防ぐために、穴をあけて圧迫を減らす構造になっている。

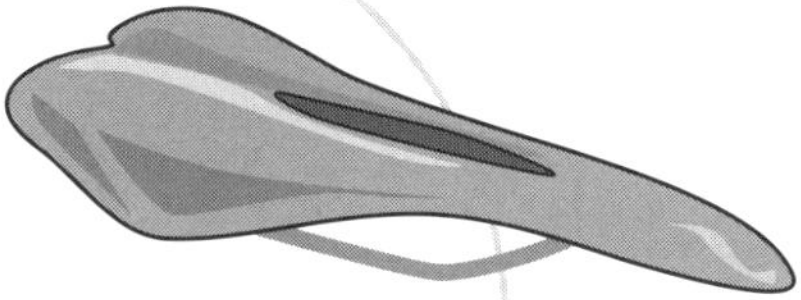

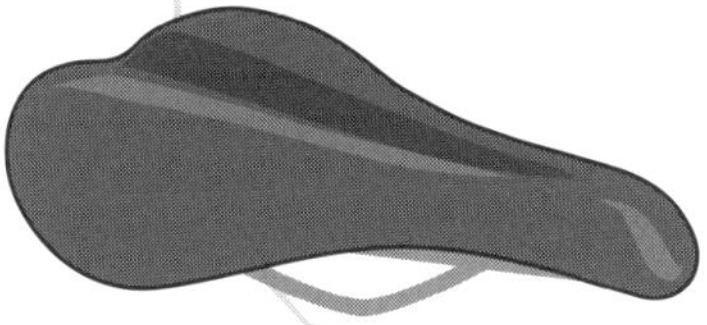

女性用

幅広で、パッドの量が多く、穴あきタイプも。女性の骨盤の形に合わせたつくりが特徴。

硬さをかえる

硬め ⇔ **柔らかめ**

乗車姿勢によってサドルの硬さをかえよう。前傾姿勢なら硬めでもお尻は痛くならないが、上体を起こして乗るなら柔らかいサドルのほうが快適。

バージョンアップ③

ペダル
—速く走りたいならやっぱりビンディング—

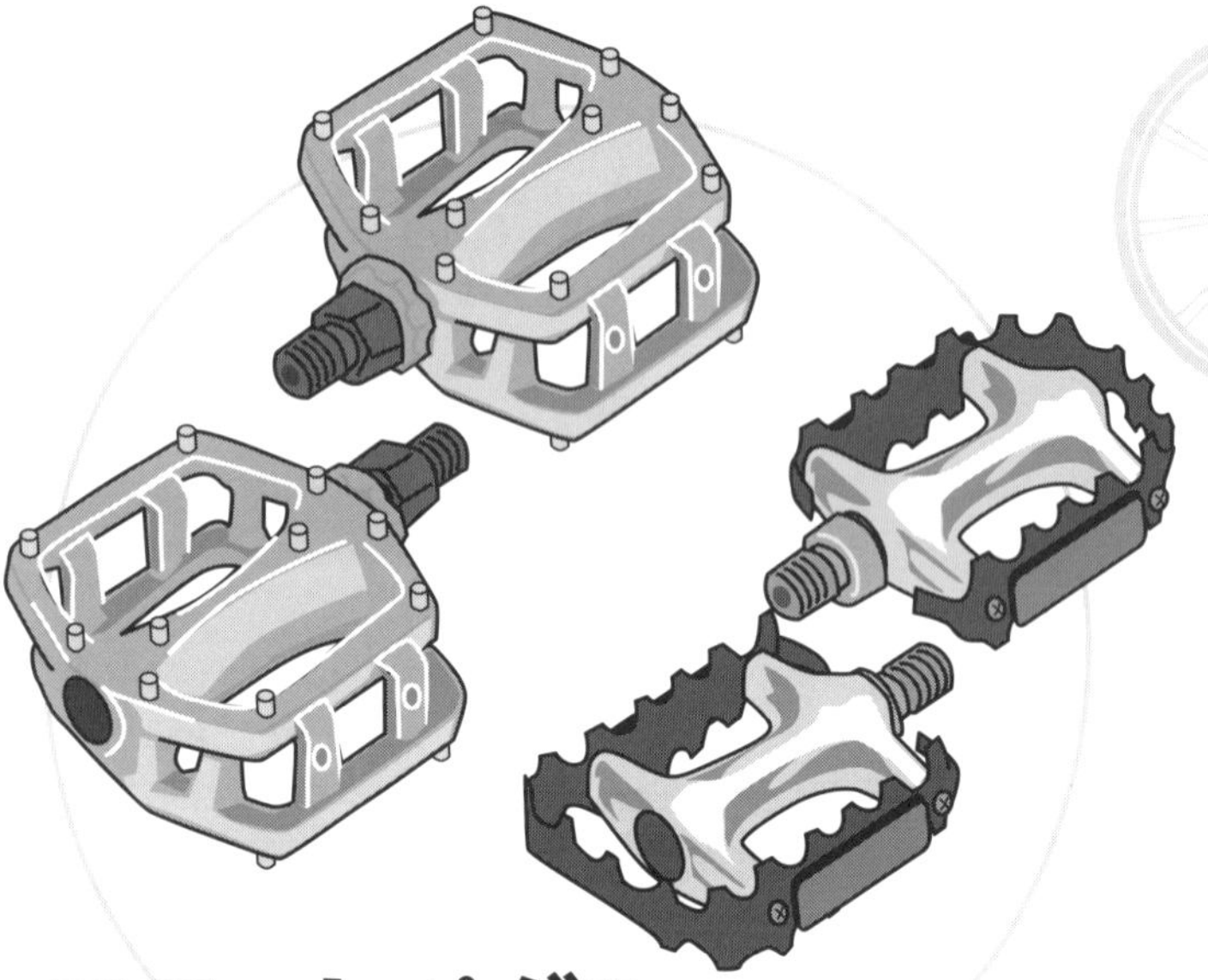

フラットペダル

メリット
普通のシューズで乗ることができ、いつでも足を離せるので安心感がある。目的地で自転車から降りて歩き回るようなときは便利。

デメリット
引き足が使えず、踏む力しか利用できないので効率が悪く、一部の筋肉に負担がかかる。濡れていると足がすべることもある。

力をムダなく利用できるペダリングが可能になる

ペダルには、普通のシューズで使うフラットペダルと、専用シューズと一体化させて使うビンディングペダルがある。ビンディングペダルは怖いという初心者がいるが、ペダリング効率は、当然ビンディングペダルが勝っている。脚力をムダなく推進力に変えられるので、スピードも出せるし、疲れにくい。

ビンディングペダルには、ロードバイク用とＭＴＢ用の2種類がある。使いやすいのは、専用シューズのまま歩行もできるＭＴＢ用。ロードバイクにＭＴＢ用ペダルをつけることもできる。

ビンディングペダル

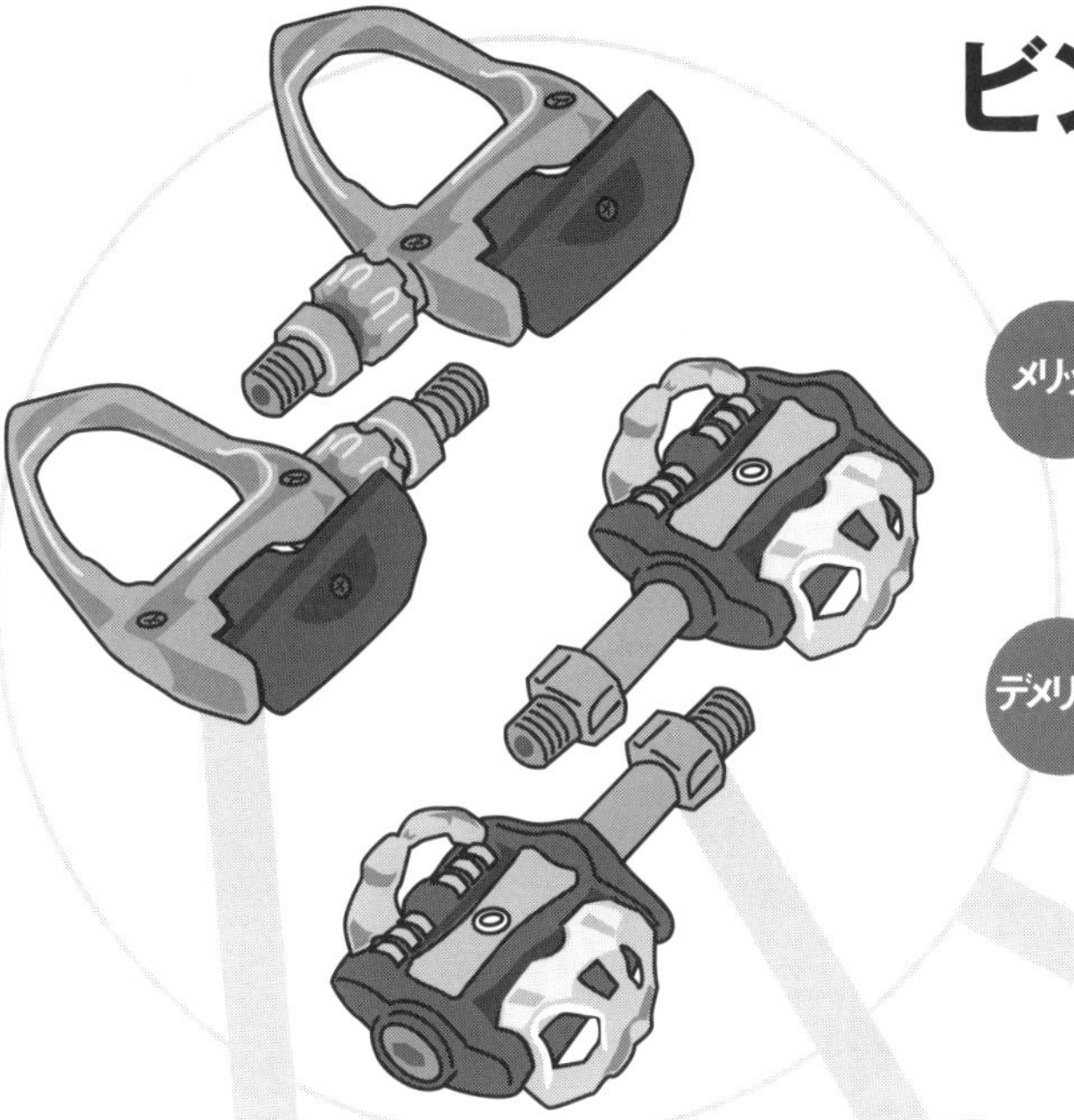

メリット 引き足を使うことができ、脚力を無駄なくペダルに伝えることができる。悪路でも足が固定されているので安定感がある。

デメリット 専用のシューズが必要。足がペダルに固定されるため、多少の練習がいる。ロードバイク用シューズは歩きづらい。

一石二鳥 ロード・MTB 共用もある

MTB用

専用シューズはペダルと固定するクリートが小型で、靴底の中に埋め込まれているので、そのまま歩くこともできる。ペダルの両面にビンディング（固定する）機能があるものもある。

ロードバイク用

専用シューズはペダリング効率を最優先し、クリートは大型で、靴底が硬い。そのため、自転車から降りたときは歩きづらい。ペダルの片面にだけビンディング機能がある。

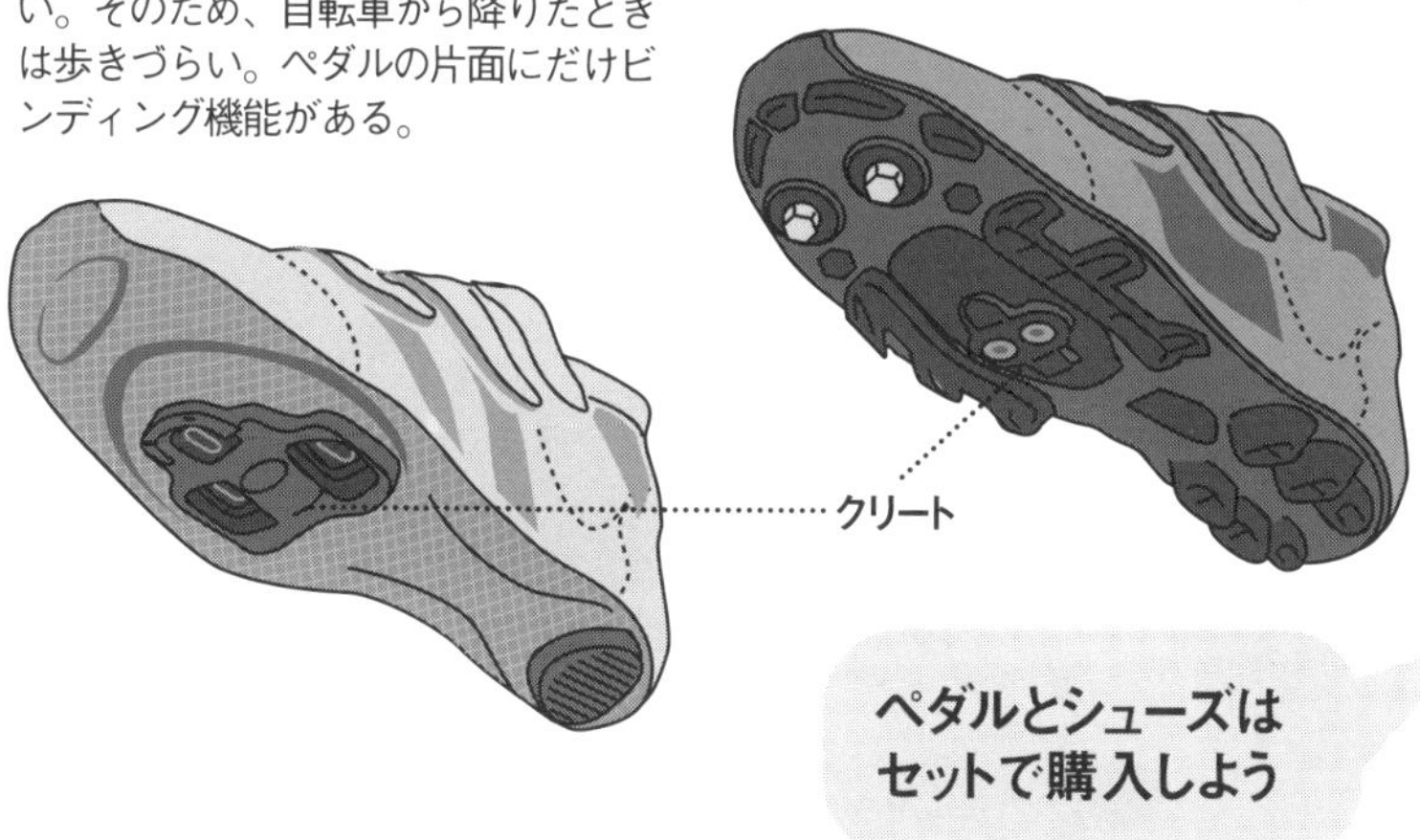
クリート

ペダルとシューズは
セットで購入しよう

バージョンアップ④

そのほかのパーツ

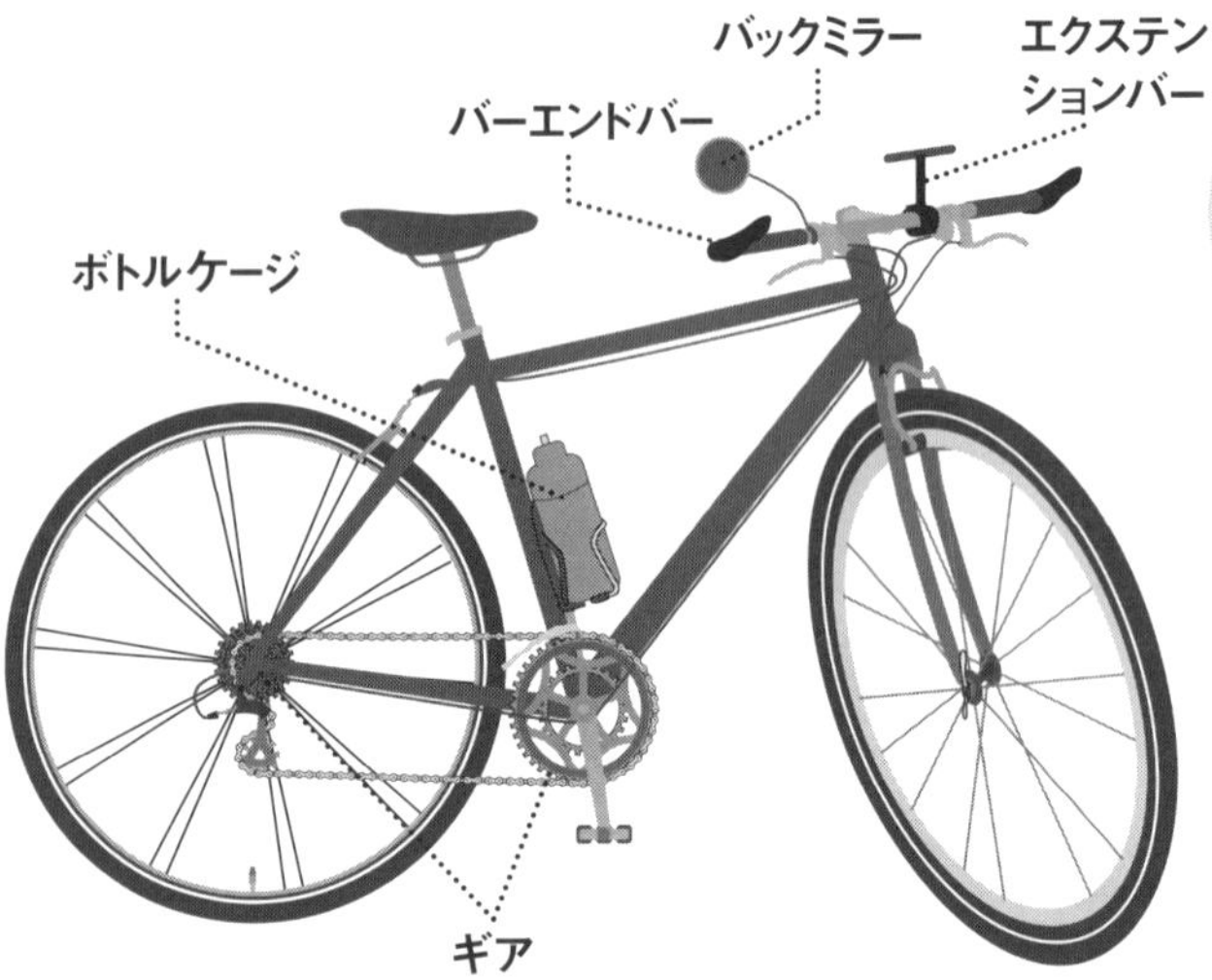

ギアをかえる

チェーンリング（前のギア板）と、後輪についているスプロケット（後ろのギア）をかえることができる。歯車の歯数を変え、比率が変わることで、アップダウンに強くしたり、高速走行を可能にしたりする。

コンポーネントをかえる

変速機、ハブ、クランク（P17参照）などもかえることができる。ただし、メーカーごとに規格が異なり、互換性がないので、同じメーカー内でバージョンアップするのが基本だ。全交換する方法と、部分交換する方法がある。

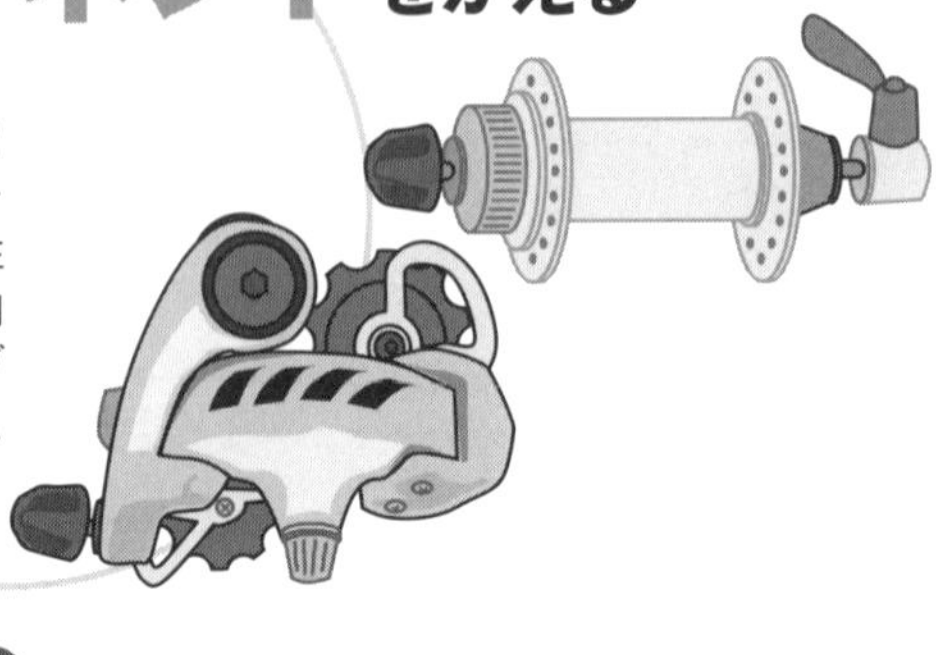

ハンドルをかえる

フラットバーハンドルは初心者でも扱いやすく、悪路でも操作性が高い。ドロップハンドルは、持つ位置を変えることで乗車姿勢を変えられ、疲れにくい。

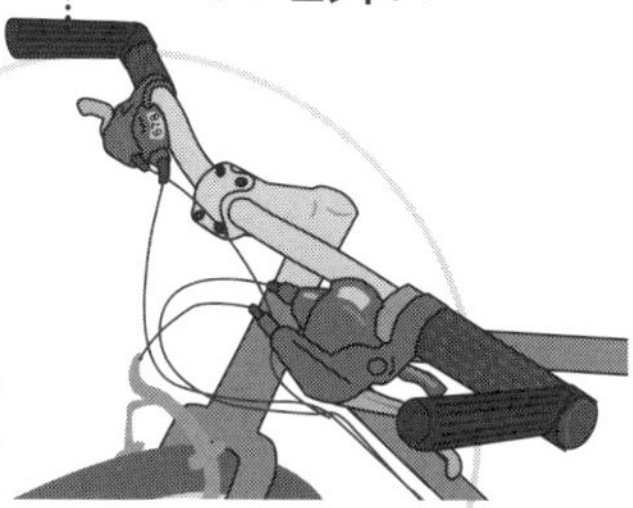

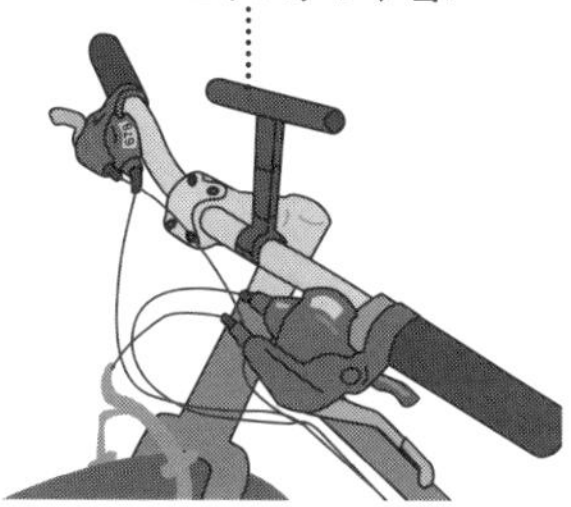

バーエンドバーをつける

フラットハンドルの端につけることで、持つ位置を変えられるようになる。

エクステンションバーをつける

ハンドルにつけて、心拍計、ライト、ベルなどを移せば、ハンドルが握りやすくなる。

グリップをかえる

フラットハンドルのグリップは、さまざまな太さや硬さのものがある。手の大きさや自転車の用途によって、グリップを選ぶ。

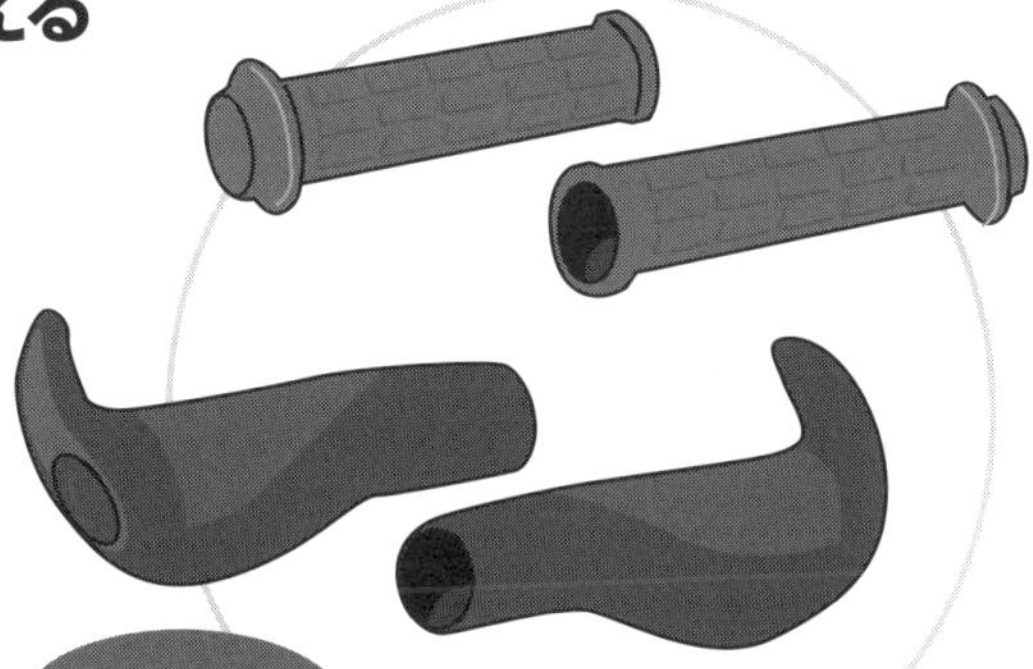

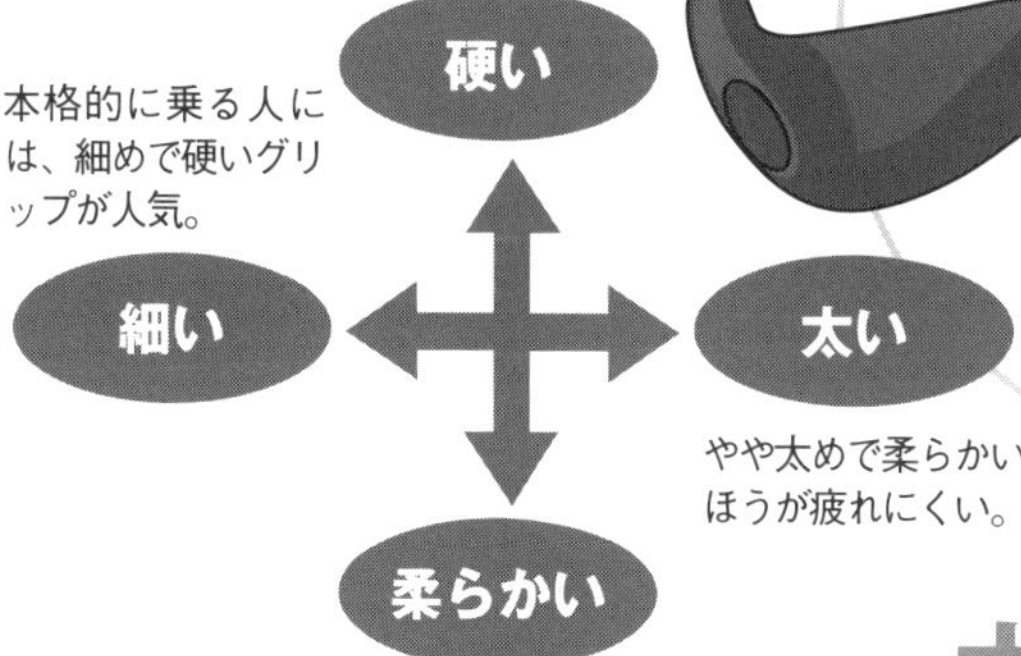

本格的に乗る人には、細めで硬いグリップが人気。

やや太めで柔らかいほうが疲れにくい。

バックミラーをつける

ハンドルにつけるタイプ。ヘルメットやアイウエア（サングラス）につけるタイプも。

※バックミラーをハンドルにつける場合、全幅60cm以内のものを選ぶ。

ボトルケージをつける

いつでも水分補給をするためには必要。軽くて丈夫なものを。

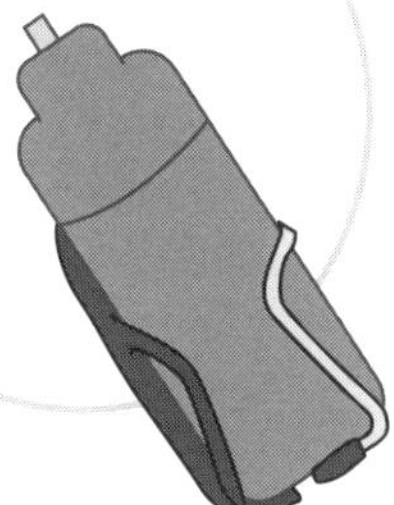

快走アイテム ①

バツグンの機能性を誇るサイクリスト用ウエアを着る

ヘルメット

転倒したときなどに頭部を守る強度があり、それでいて軽量なのが特徴。空気の流れも考慮した設計で、暑い季節でも風通しがいい。

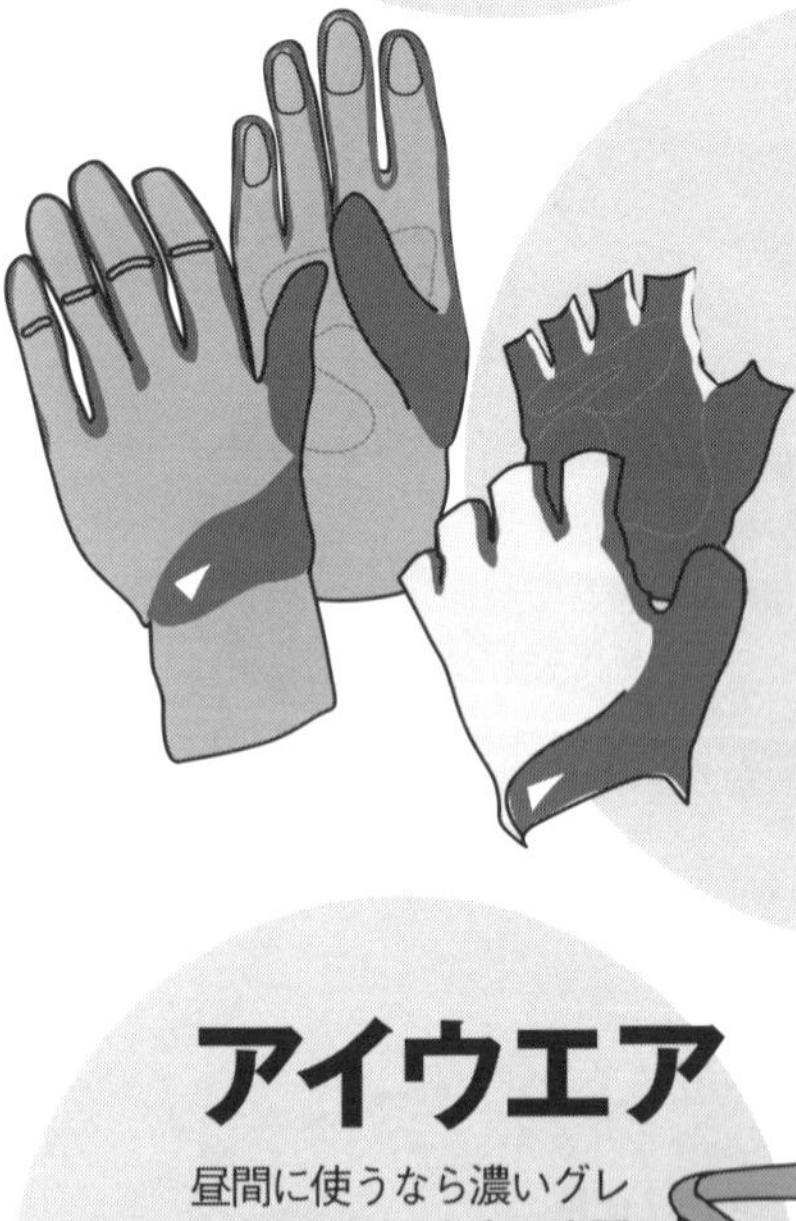

グローブ

ハンドルからの振動を吸収し、グリップ力も高まる。転倒時に手を守る役目も。指先をカットした夏用と、防寒性に優れた冬用がある。

アイウエア

昼間に使うなら濃いグレーのレンズ。夕方や夜間は、ピンクやブラウンのレンズを。コントラストがはっきりして段差などが見やすい。顔にフィットするものを選ぶことが大切。

レーサーシャツ

フィット性と速乾性が高く快適。前傾姿勢でも背中が出ないよう長めになっている。腰の後ろにポケットがあり、補給食や地図が入れられる。

レーサーパンツ

伸縮性のある素材を使い、動きやすさは抜群。サドルに当たる部分にはパッドがついていて、お尻が痛くなるのを防ぐことができる。

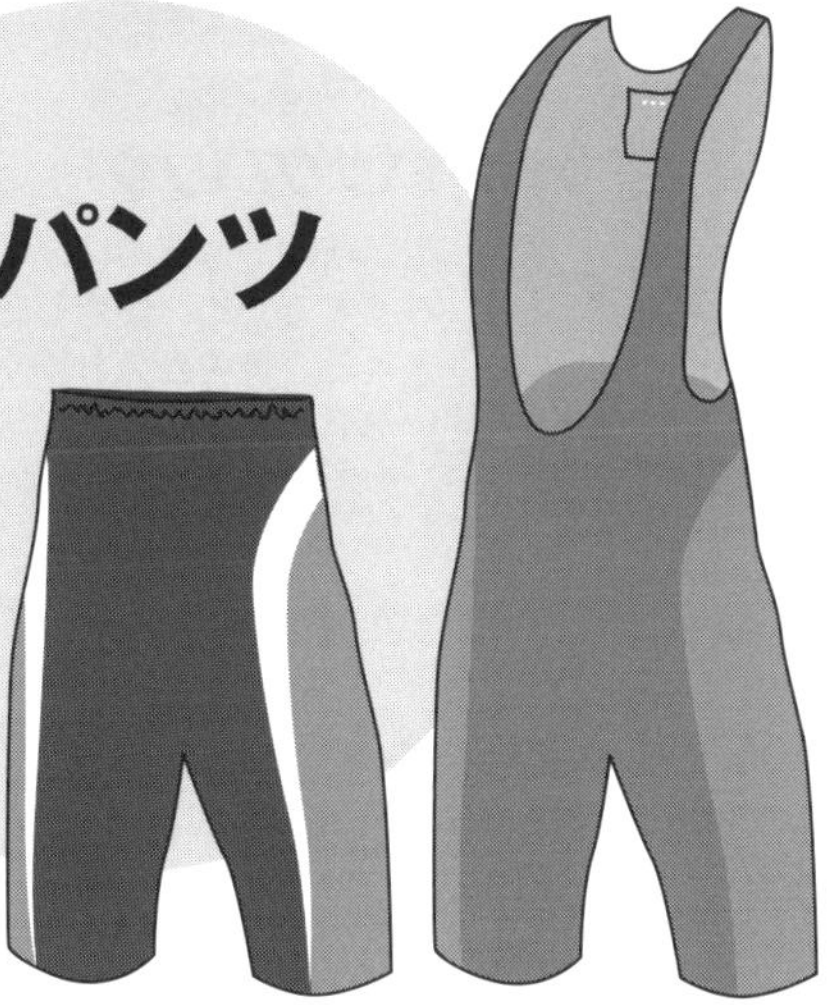

アームウォーマーもおすすめ

上腕から手首までをカバーするアームウォーマーは、片手で上げ下げできる。肌寒ければつけ、温まったらはずすなど、簡単に温度調節ができる。コンパクトにたためて、かさばらないのも利点だ。

快走アイテム ②

自転車につける、自分で背負う。荷物に応じてバッグを使い分ける

自分で背負うタイプ

ウエストバッグ

腰に装着するため、肩に負担がかからず、背中が蒸れる心配もない。容量は少なめ。

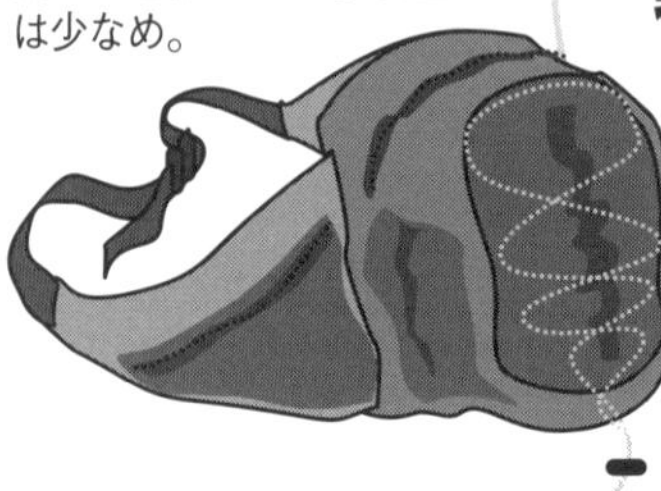

メッセンジャーバッグ

開口部が広く、容量も多め。片側の肩に負担が集中して、不安定になることも。

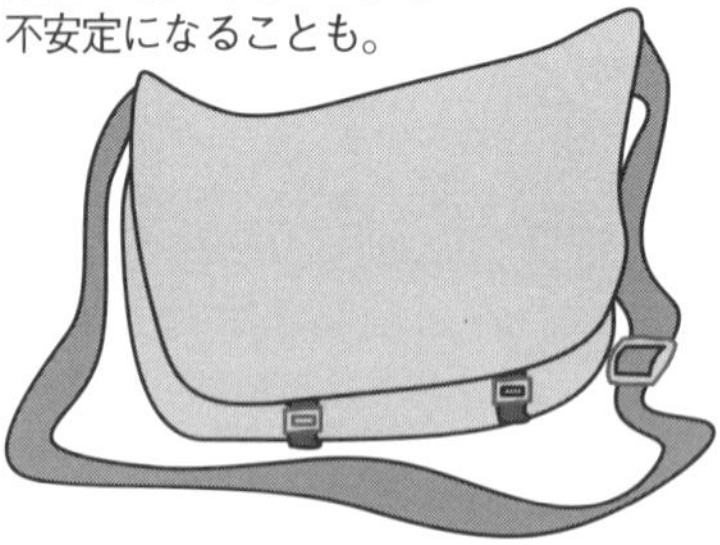

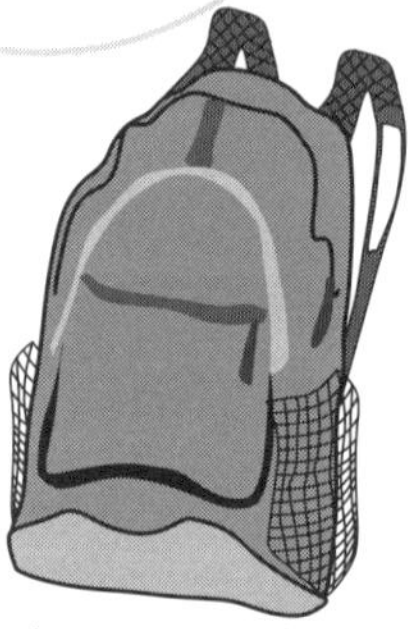

バックパック

重い荷物でも背中にフィットするため、安定して走れる。背中が蒸れにくいモデルを選びたい。

体の動きをじゃませず自転車を重くしないものがいい

サイクリングでも自転車通勤でも、荷物を持って自転車に乗る必要が生じる。バッグは、体につけるタイプと自転車につけるタイプに大きく分けられる。

体につけるバッグは、動きを妨げないことがもっとも大切。あまり大きなものは、快適でないし疲れる。

自転車につけるバッグは、サドルバッグやフロントバッグが一般的だ。サドルバッグは、普通、携帯工具や予備チューブを入れるのに使われる。フロントバッグは、専用のフックで簡単にとりはずしができるタイプが便利だ。

自転車に装着するタイプ

サドルバッグ

携帯用工具や予備チューブ、ワイヤーロック（鍵）などを収納しておくのに便利。

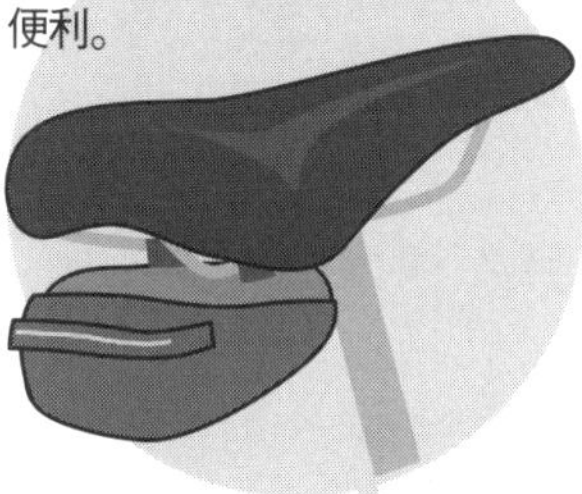

フロントバッグ

ストラップなどでハンドルにつけるタイプが便利。荷物が視界に入っているので安心だ。

フロントサイドバッグ

前輪の両サイドにキャリアでとりつける。キャンピングなどの大荷物のときにいい。

サイドバッグ

後輪の両サイドにキャリアでとりつける。大容量が入るため、ツーリングなどの旅向き。

リアバッグ

シートポストにキャリアでとりつける。バッグだけをはずして持ち運ぶことも可能。

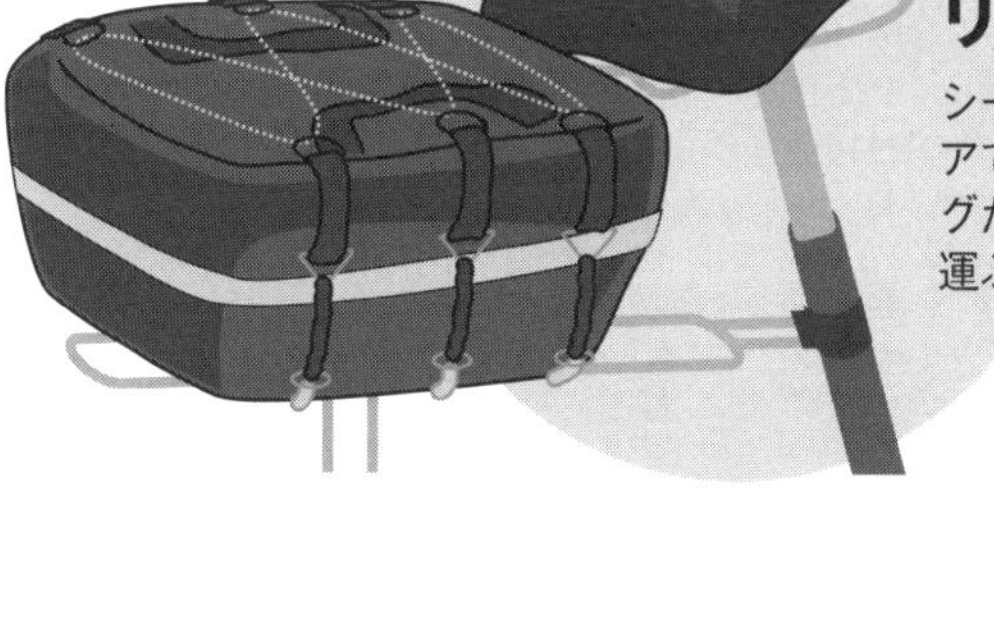

■取材協力・写真提供

(財)日本サイクリング協会(JCA)
℡03-3583-5628、http://www.j-cycling.org/
大前仁
高谷徳成(写真提供P24、28、149)

(写真提供P19〜37)■CYCLETECH-IKD、℡027-324-2360、http://www.ikd21.co.jp/ikd/■有限会社アキコーポレーション、℡06-6995-7880、http://www.akiworld.co.jp/■新家工業株式会社、℡06-6253-6317、http://www.araya-kk.co.jp/bicycle■株式会社インターマックス、℡055-252-7333、http://www.intermax.co.jp/■株式会社エイアンドエフ、℡03-3209-7575、http://www.aandf.co.jp/superbicycle/rmb/■株式会社エヌビーエス、℡072-254-3423、http://www.colnago.co.jp/■株式会社オーエックスエンジニアリング、℡043-228-0777、http://www.oxgroup.co.jp/■キャノンデール・ジャパン株式会社、℡06-6110-9390、http://www.cannondale.co.jp/■サイクルヨーロッパジャパン株式会社、℡03-3255-2431、http://www.cycleurope.co.jp/■株式会社ジャイアント、℡045-505-0111、http://www.giant.co.jp/2007/top.html■株式会社ジョブインターナショナル、℡06-6368-9700、http://www.job-web.co.jp/■スペシャライズドジャパン、℡03-5333-6058、http://www.specialized.com/jp■ダイナソア株式会社、℡0742-64-3555、http://www.dinosaur-gr.com/■ダイナベクター株式会社、℡03-3861-4341、http://www.dynavector.co.jp/moulton/■トレック・ジャパン、℡078-413-6606、http://www.trekbikes.co.jp/■パナソニックサイクルテック株式会社、℡072-978-6621、http://www.panabyc.co.jp/■ピナレロジャパン、℡072-238-0039、http://www.pinarello.jp/■ブリヂストンサイクル株式会社、℡0120-72-1911、http://www.bscycle.co.jp/■ホダカ株式会社 コーダーブルームプロジェクト、℡048-990-7007、http://khodaa-bloom.com/■株式会社マルイ、℡078-451-2742、www.schwinn-jpn.com、www.centurion-bikes.jp■株式会社丸石サイクル、℡048-984-1404、http://www.maruishi-cycle.com/■ミズタニ自転車株式会社、℡03-3840-2151、http://www.mizutanibike.co.jp/■宮田工業株式会社、℡0467-85-3333、http://www.miyatabike.com/■株式会社モトクロスインターナショナル、℡052-773-0256、http://www.ride2rock.jp/■ヤマハ発動機株式会社、℡0120-090-819、http://www.yamaha-motor.co.jp■ライトウェイプロダクツジャパン株式会社、℡03-5950-6002、http://www.riteway-jp.com■株式会社ワイ・インターナショナル、℡ 03-5545-1525、http://www.ysroad.net/

■参考文献

「BiCYCLE CLUB」(枻出版社)
「BRUTUS」(マガジンハウス)
「CYCLE SPORTS」(八重洲出版)
「funride」(ランナーズ)
「Tarzan」(マガジンハウス)
「自転車生活」(枻出版社)
「ゼロから始める自転車生活　こぐこぐvol.1」(主婦の友社)
「楽しい！折りたたみ自転車&スモールバイク」(辰巳出版)
「中高年のための楽しいサイクリング生活入門」(日本放送出版協会)
『家族でできる心と体の自転車健康学　－バイコロビクスで爽快ライフ』　鳥山新一(チクマ秀版社)
『自転車生活スタートガイド』　瀬戸圭祐(水曜社)
『自転車と健康』　前田寛　石橋健司　岡内優明(東京電機大学出版局)
『自転車トラブル解決ブック』　丹波隆志(山と渓谷社)
『自転車にのって。』マーブルブックス編 (中央公論新社)
『スポーツ・サイクリング教書』　今井千束(アテネ書房)
『るるぶDo！自転車乗り快走ノウハウ 基本から応用まで』　高村精一監修(JTBパブリッシング)
『ロードバイクが一からわかる本』　山本健一(枻出版社)

三浦恭資（みうら　きょうし）

1961年生まれ。佐賀県鳥栖市出身。高校卒業後、複数の実業団で活躍。ヨーロッパへの留学経験も多く、スイスの有力チーム「ティーグラー」や「マビック」、ベルギーのプロチームに在籍。1988年ソウルオリンピックロードレース代表、1996年アトランタオリンピックMTB代表。1989年から1997年まで9年連続で世界選手権ロードレース代表。全日本ロードレース選手権プロ、アマ通して優勝5回。2006年6月に㈶日本自転車競技連盟の強化コーチとして日本ナショナルチーム（ロード、長距離系）の監督に就任。㈶日本サイクリング協会サイクリングアドバイザーも務める。「キング」の愛称のもと、日本ロード界を牽引している。著書に『三浦恭資の必勝! 自転車ロードレース』（アテネ書房）など。

装幀　カメガイ デザイン オフィス
写真撮影　佐藤幸稔
イラスト　中川原透
本文デザイン　八月朔日英子
校正　滄流社
編集協力　柄川昭彦
オフィス201（高野恵子）
編集　福島広司　鈴木恵美（幻冬舎）

知識ゼロからのサイクリング入門

2007年9月30日　第1刷発行

著　者　三浦恭資
発行者　見城　徹

発行所　株式会社 幻冬舎
〒151-0051　東京都渋谷区千駄ヶ谷4-9-7
電話　03-5411-6211（編集）　03-5411-6222（営業）
振替　00120-8-767643
印刷・製本所　株式会社 光邦

検印廃止

ISBN978-4-344-90109-4 C2095
Printed in Japan
幻冬舎ホームページアドレス　http://www.gentosha.co.jp/
この本に関するご意見・ご感想をメールでお寄せいただく場合は、comment@gentosha.co.jpまで。